COLLECTION IMAGINÉE ET CRÉÉE PAR **PIERRE MARCHAND**

Directeur d'ouvrage	**Yves Cohat**
Édition livre	**Isabelle Grison**
Édition multimédia	**Jean-Baptiste Marchand**

LIVRE

Directeur artistique	**Jean-Marc Barrier**
Création de la couverture	**Philippe Marchand**
Iconographe	**Rougui Barry Oger**

MULTIMÉDIA

Chef de projet et directeur artistique	**Jean-Baptiste Marchand**
Réalisation & développement	**Briq, LPPI**
Animations 3D, flash et vidéo	**Laurent Hindryckx, Bertrand Loquet, Ivan Rose, Briq**
Ont collaboré à cet ouvrage	**Claire Hostalier, Constance Dally, Amandine Chambosse, Véronique Dussidour, Lucie Germser**

ISBN 201265583-1 / Imprimé et relié à Singapour par TWP
Dépôt légal 30627 - mai 2003, édition 01
EAN 9782012655836/C1 - Nuart 26/5583/5

Loi n° 49-956 du 16 juillet 1949 sur les publications destinées à la jeunesse

BIGB@NG

Le Moyen Âge

UN MONDE DE PEUR ET D'ESPOIR

Dominique Donadieu-Rigaut
Docteur ès histoire

HACHETTE
Jeunesse

Mode d'emploi du livre

Un système de bandeaux en haut de chaque page vous propose des liens complémentaires vers les autres thèmes de la collection grâce à un code couleur.

- Sciences et technologies
- Histoire et civilisations
- Terre et univers
- Le monde vivant

Lien vers le thème Terre et univers

Dans le scriptorium, penchés sur des pupitres, les moines passaient de longues heures à copier et à enluminer les manuscrits. Les pigments qui servaient à colorer leurs encres avaient différentes origines. Ainsi le bleu provenait soit de végétaux comme l'indigo ou la guède, soit de pierres semi-précieuses comme le lapis-lazuli importé d'Afghanistan à grands frais.

Ce bandeau jaune signale un lien vers des informations concernant le thème **Histoire et civilisations.**

Ce bandeau rouge signale un lien vers des informations concernant le thème **Sciences et technologies.**

Ni paysan, ni chevalier, ni bourgeois, le moine est un religieux qui décide de fuir le monde pour vivre pleinement sa relation avec Dieu, loin des « vices » de la société.

Les moines : des hommes à l'écart du monde

Ce logo vous indique que cette image est proposée dans le CD-Rom en **animation.**

Ce logo vous indique que cette image est proposée dans le CD-Rom en **impression.**

Sommaire

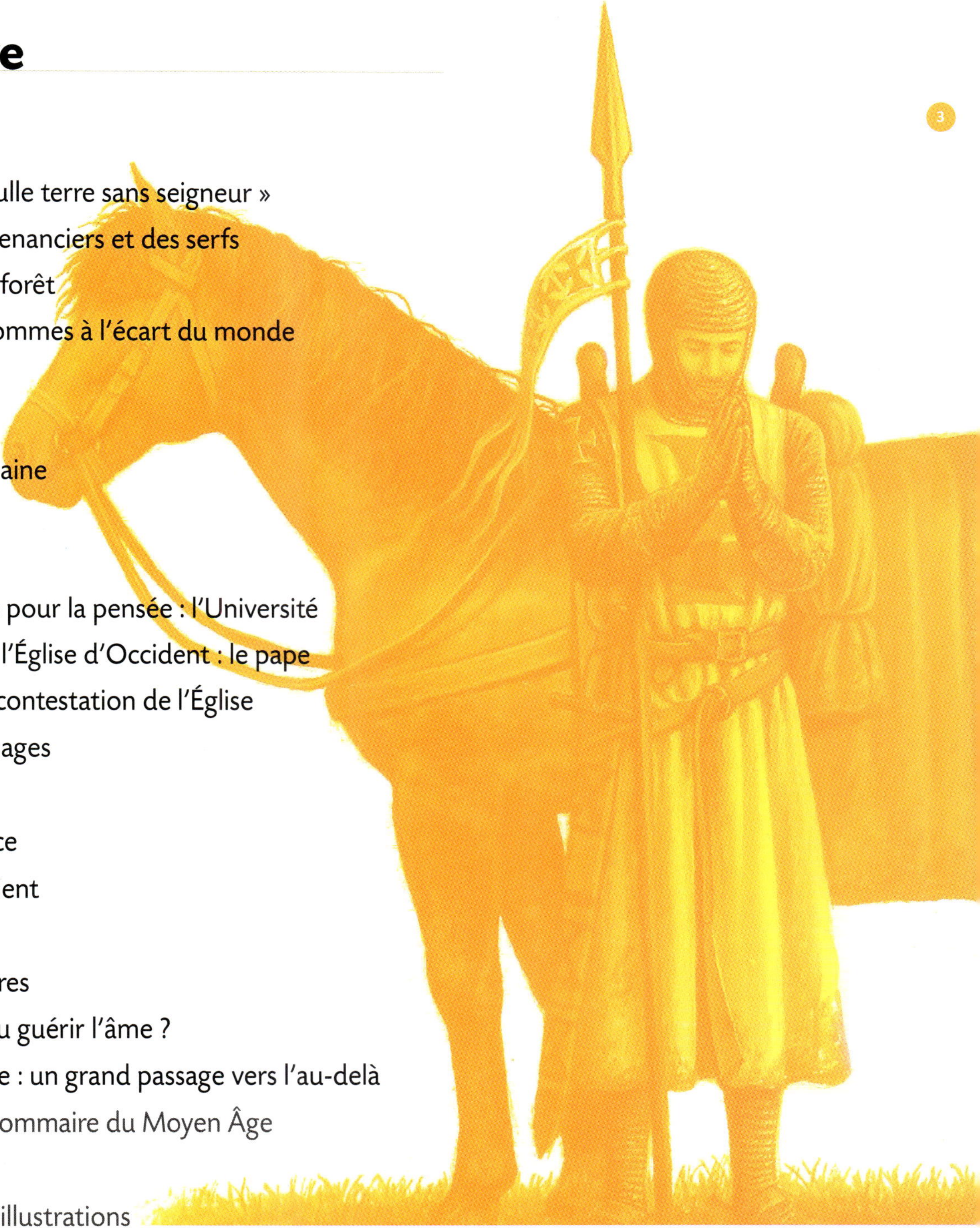

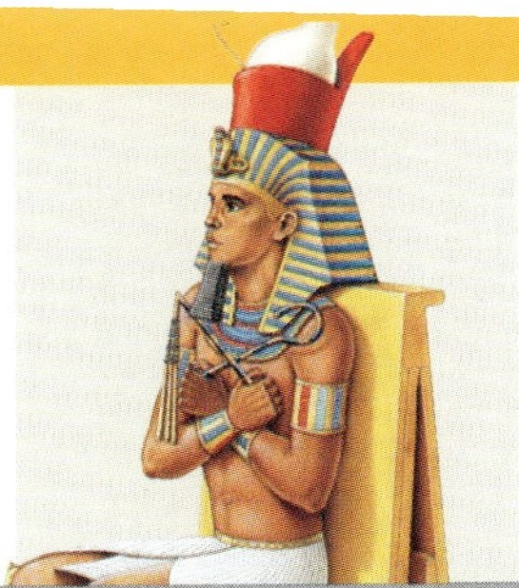

Dans l'Égypte antique, le **pharaon**, à la fois dieu et homme, détient un pouvoir absolu. Il dirige la politique, commande l'armée et rend le culte. Garant de l'équilibre du monde, il porte les insignes de sa fonction et de son pouvoir : le némès et la double couronne, le crochet et le fouet.

Pour se défendre contre les grands prédateurs ou repousser des rivaux, les mâles dominants des bandes de **babouins** de l'espèce *anubis* vivant dans la savane africaine préfèrent coopérer plutôt que s'affronter. Lorsqu'un ennemi menace le groupe, ils se communiquent l'information et lui font face ensemble.

Dans le climat d'insécurité provoqué par les invasions se développe le système féodal, issu du morcellement du pouvoir royal. Une nouvelle société se met alors en place, fondée essentiellement sur des liens personnels.

La féodalité

Dans l'Occident médiéval, la terre est la principale source de richesse.
Les souverains carolingiens, Charlemagne et ses successeurs, très souvent en guerre, ont besoin de cavaliers motivés et capables d'entretenir armement et chevaux. Pour cela, les rois donnent des terres à leurs meilleurs combattants qui, en contrepartie, doivent guerroyer à leurs côtés et les servir fidèlement. Ce principe fonctionne jusqu'aux grandes invasions qui désorganisent l'Europe aux IXe et Xe siècles. Les rois carolingiens s'avèrent alors incapables d'assurer la sécurité des populations. Les ducs et comtes qui les représentent dans le royaume deviennent indépendants, protègent un temps les populations puis, à leur tour, ne peuvent imposer leur autorité sur des régions trop vastes. Il se forme alors au niveau local de petits groupes d'hommes en armes qui reconnaissent comme chef le plus puissant d'entre eux : la féodalité est née.

La féodalité se définit d'abord par des liens d'homme libre à homme libre à l'intérieur de la classe chevaleresque.
Le contrat se noue entre un *seigneur*, et son *vassal*, non par écrit mais au cours d'un rituel.
Le vassal s'agenouille devant son seigneur et place ses mains jointes à l'intérieur des siennes : c'est l'*hommage*. Puis le vassal, debout, prononce un *serment de fidélité*, tout en apposant ses mains sur des reliques. Par le contact avec ces objets sacrés, la parole du vassal devient inviolable, irréversible. S'il venait à trahir son seigneur, il deviendrait parjure.
Le seigneur, en échange de cette fidélité absolue, accorde à son vassal un *fief**, le plus souvent une terre, permettant à celui-ci d'assurer sa subsistance. L'attribution du fief s'effectue lors d'une cérémonie appelée l'*investiture*.

■ ***Le rituel***
Les multiples bras de ce vassal symbolisent les différentes étapes du rituel : l'hommage entre les mains du seigneur devant témoins, le serment oral de fidélité et l'investiture du fief matérialisé par un champ de céréales.

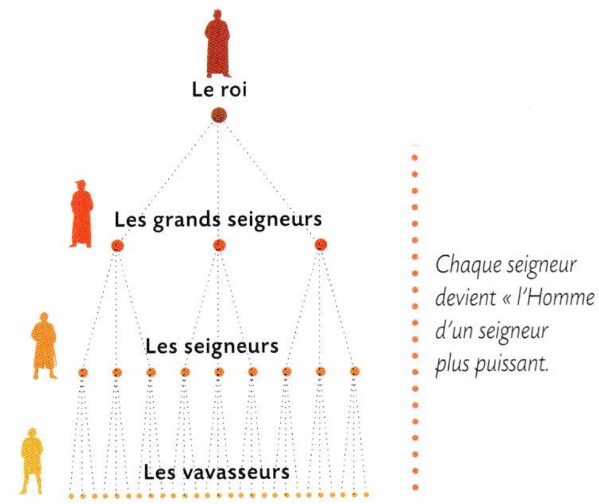

■ ***La pyramide féodo-vassalique***
Au sommet prend place le roi qui ne prête hommage à aucun seigneur ; à la base se trouvent les vavasseurs trop faibles pour avoir eux-mêmes des vassaux.

À partir de cet instant, vassal et seigneur sont liés par des obligations réciproques.
Le vassal doit tout d'abord à son seigneur l'aide militaire en défendant le château, les intérêts et les possessions de celui-ci. Il lui doit également l'aide financière, en particulier lorsque le fils aîné du seigneur est fait chevalier (ce qui nécessite un équipement onéreux), lorsque sa fille aînée se marie, et dans le cas d'une participation du seigneur à une croisade. S'il arrive que le seigneur soit fait prisonnier, le vassal doit également payer la rançon de sa libération. Enfin, le vassal prodigue à son maître des conseils lorsque celui-ci rend la justice.
En contrepartie, le seigneur est tenu de protéger son vassal en toute circonstance, militaire ou judiciaire. Il doit surtout l'entretenir : il s'acquitte de ce devoir en lui remettant le fief ou bien en lui versant l'équivalent d'un salaire. Si le vassal ne respecte pas ses engagements, il perd son fief, élément essentiel du contrat.

En 221 av. J.-C., **Qin Shi Huangdi** prend le titre de premier empereur de Chine. Bousculant les anciennes traditions, il abolit à jamais le système féodal et impose son pouvoir absolu aux autres seigneurs. À sa mort, après seulement dix années de règne, il est enterré avec une armée de terre comptant 300 archers et plus de 6 000 fantassins et cavaliers.

Au Ve siècle av. J.-C., la cité d'Athènes, qui domine l'ensemble du monde méditerranéen, est dirigée par l'assemblée des citoyens, l'*ecclésia*, qui participe directement au gouvernement de la cité en élisant des magistrats. **Périclès** fut ainsi désigné pendant quatorze années de suite pour remplir la charge de stratège, le responsable de toutes les questions militaires.

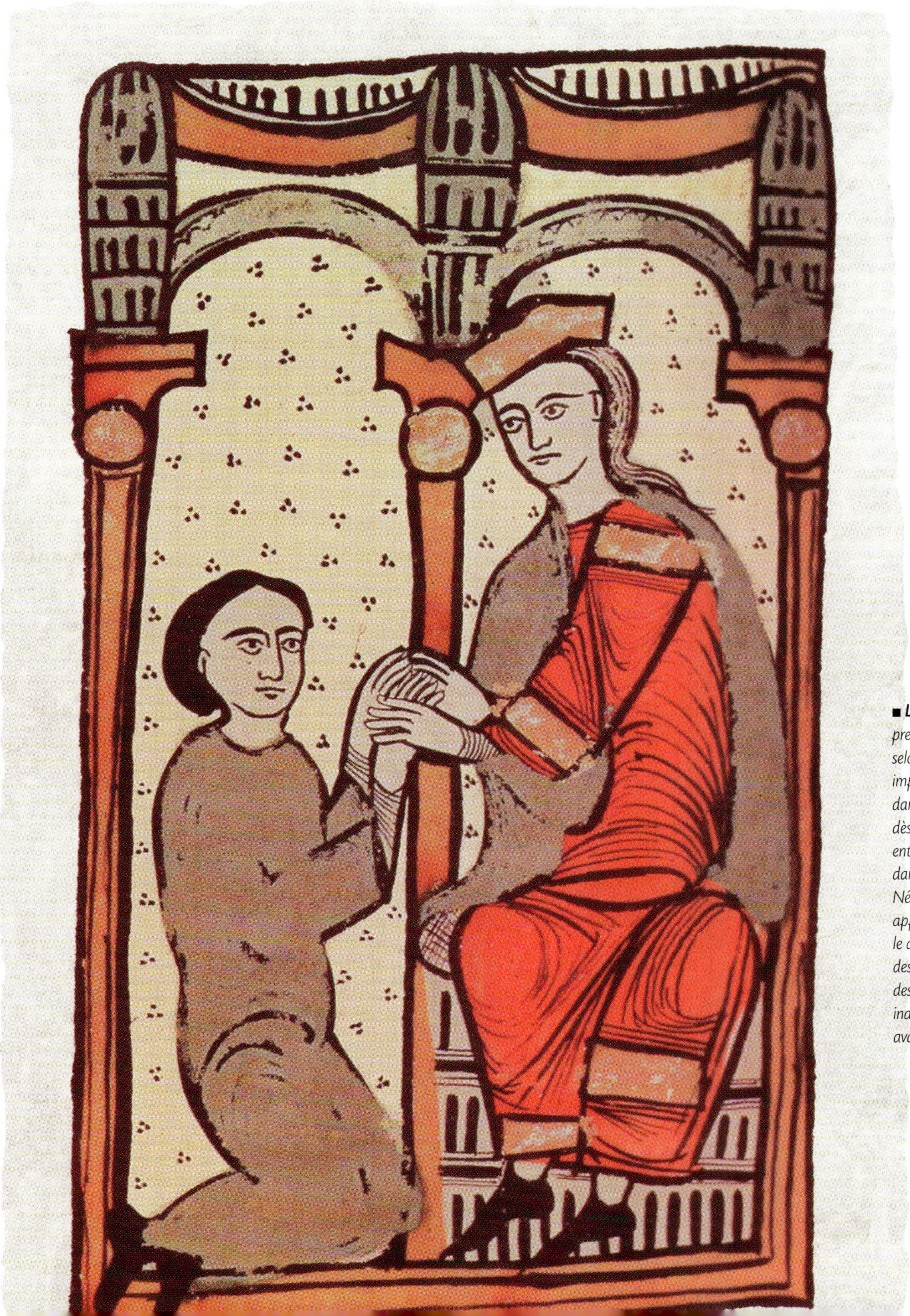

■ ***La féodalité*** *prend des formes différentes selon les régions. Solidement implantée en Germanie et dans le nord de la France dès l'an mil, elle se répand entre le Xe et le XIIIe siècle dans le reste de l'Europe. Néanmoins, l'Italie du Nord apparaît comme une exception : le développement précoce des villes et la puissance des marchands rendent inadéquat un système fondé avant tout sur la terre.*

De la recommandation à la féodalité

À l'époque carolingienne, l'Empire était géré par une administration centralisée dont les membres (comtes, évêques, abbés) étaient nommés par l'empereur. En développant la pratique de la recommandation pour s'assujettir des vassaux royaux, Charlemagne ouvre la voie à la féodalité.

Une des activités essentielles des **scribes égyptiens** consistait à vérifier les comptes des exploitations agricoles. Forts de leur science de l'écriture acquise après un long apprentissage, ce sont eux qui évaluaient les quantités de céréales récoltées et contrôlaient les entrées et les sorties des marchandises dans les entrepôts.

L'exploitation d'un **milieu naturel** par l'homme peut avoir des conséquences désastreuses. Les terribles tempêtes de sable qui ravagèrent, dans les années 1930, les plaines du centre des États-Unis à la suite d'une période de sécheresse passagère, furent énormément amplifiées par des pratiques agricoles qui laissaient la terre dépourvue de toute végétation.

La seigneurie naît au cours du Xe siècle de l'affaiblissement du pouvoir royal. Elle constitue le cadre de vie essentiel de la vie quotidienne des hommes du Moyen Âge.

La seigneurie : « nulle terre

Jusqu'au XIIIe siècle, qui voit s'implanter de façon décisive la culture urbaine, la société médiévale, essentiellement rurale, est fondée sur trois grandes catégories complémentaires. Les chevaliers, qui sont des hommes libres, ont pour fonction de protéger et de défendre la société chrétienne dans son ensemble. Les clercs, hommes d'Église, prient pour sauver les âmes de tous les fidèles. Et les paysans, de loin les plus nombreux, doivent nourrir les deux autres catégories en travaillant la terre.

Les ponts, gardés et parfois fortifiés, *constituaient des points de passage obligés. Pour les emprunter, il fallait verser un droit de péage au seigneur dont ils relevaient.*

La terre, au Moyen Âge, appartient très rarement aux paysans qui la travaillent. Ce sont les seigneurs, laïques ou ecclésiastiques, qui la possèdent. La *seigneurie* correspond au domaine d'un seigneur. C'est une exploitation agricole organisée en deux grandes parties : la *réserve*, destinée à l'usage personnel du seigneur, comprend généralement les meilleures terres et une forêt riche en gibier. Le reste de la seigneurie est divisé en plusieurs lots, les *tenures**, concédées aux paysans à vie.

Des agents seigneuriaux *sont chargés de faire respecter le droit de ban. C'est le bâton qui symbolise ici le pouvoir de commander et de contraindre auquel les paysans doivent se plier, notamment lors des grands travaux agricoles comme les moissons.*

En échange de son lopin de terre, le paysan doit verser au seigneur des redevances. Le *cens* est un prélèvement d'un montant fixe calculé sur la superficie de la parcelle. Il correspond en quelque sorte au « loyer » de la terre allouée au paysan. Plus la tenure est vaste, plus le cens sera élevé. Au contraire, le *champart* est un prélèvement seigneurial proportionnel au rendement de la terre. Plus la terre produit, mieux le paysan la travaille, plus le seigneur perçoit. Ces redevances sont la plupart du temps versées en nature (céréales, viande, vin).

Le seigneur n'est pas seulement le propriétaire du domaine, il en est aussi le chef. Comme autrefois le souverain, dont il s'est arrogé localement les prérogatives, il possède le *ban*, c'est-à-dire le pouvoir de contraindre, de juger et de punir.

Tous les habitants de la seigneurie sont sous sa domination. Si le seigneur a le devoir de protéger les paysans en cas de danger, il exige d'eux des *corvées*, c'est-à-dire un travail gratuit destiné à mettre en valeur la réserve, à entretenir le château et les chemins du domaine, à transporter des denrées. Il perçoit aussi des redevances banales, les *banalités*, chaque fois que les paysans utilisent le four, le moulin, le pressoir relevant du seigneur. La *taille*, une taxe seigneuriale totalement arbitraire, s'abat également sur les paysans qui tenteront par des luttes de la réglementer. Enfin, lorsque les paysans commettent un délit, le seigneur, seul juge en ses terres, les condamne à lui verser une amende.

Si la domestication d'espèces animales et végétales a été exclusivement le fait de l'homme, certains **insectes**, d'espèces différentes, s'associent pour leur bénéfice mutuel. Les fourmis noires des prés « élèvent » des troupeaux de pucerons pour se nourrir du miellat sucré que ces derniers sécrètent. En échange, les fourmis les protègent et les guident même parfois vers les plantes dont ils raffolent.

Bien avant l'apparition de l'agriculture, l'**homme moderne** se répand dans le monde entier. L'arrivée de ces chasseurs-cueilleurs dotés d'une organisation sociale bien structurée et d'armes de plus en plus efficaces entraîne l'extinction de nombreux grands mammifères, comme le mammouth en Europe et en Amérique et plus d'une dizaine d'espèces de marsupiaux géants en Australie.

sans seigneur »

■ ***Le château fort, demeure du seigneur,*** *matérialise le pouvoir politique, économique et symbolique de la seigneurie.*

Le peuple de l'**Égypte antique** est essentiellement composé de paysans qui vivent et travaillent au rythme des crues du Nil. L'année, qui compte 360 jours, est divisée en trois saisons : *peret*, le temps des labours ; *shémou*, l'époque des moissons ; et *ashket*, celle de l'inondation quand le Nil fertilise les terres en les couvrant de limon.

Malgré l'emploi d'outils très simples, comme la houe et le bâton à fouir, les populations amérindiennes, et en particulier les **Incas** du Pérou, sont parvenues à mettre au point des techniques agricoles performantes. C'est à eux que le monde doit, parmi bien d'autres plantes, la culture d'un de ses aliments préférés : la pomme de terre.

Les paysans : des tenanciers et des serfs

La paysannerie ne constitue pas au Moyen Âge une masse uniforme. La plupart des paysans sont des *tenanciers**, responsables d'une *tenure*, et soumis à ce titre aux droits seigneuriaux. Leur condition varie dans le temps et l'espace en fonction du seigneur qui les emploie. Le paysan le plus pauvre et le plus dépendant est le *serf*. Il appartient dès sa naissance à son maître. Attaché à la terre, il est vendu avec elle lorsque le seigneur remodèle son domaine foncier. Considéré comme la chose d'un homme libre, il ne peut disposer ni de lui-même, ni de ses biens, ni de ses enfants. Il verse à son seigneur une faible redevance, le *chevage*, symbolisant sa servitude.

S'il souhaite épouser une serve n'appartenant pas à la même seigneurie que lui, il doit s'acquitter d'une taxe, le *formariage*. La *mainmorte* frappe ses descendants qui ne peuvent hériter de leur père puisque à la mort du serf, ses maigres biens reviennent au seigneur.

La vie quotidienne du paysan est marquée par la pauvreté, l'humiliation et la précarité. Outre les droits seigneuriaux, les paysans subissent les guerres privées entre seigneurs qui, en se livrant bataille dans les champs, détruisent une part des fragiles récoltes. Sans engrais et avec un outillage rudimentaire, la terre produit peu. Pour un grain semé à la volée, on en récolte en moyenne trois lorsqu'une gelée précoce, une sécheresse ou une inondation n'anéantissent pas des mois de labeur. Habitué à la disette, le paysan connaît alors la famine car il ne peut constituer de réserves. D'ordinaire, il se nourrit surtout de pain et de légumineuses accompagnés d'œufs, de fruits et parfois de fromage. La viande demeure un luxe. La chasse au gros gibier est réservée aux seigneurs et on ne tue le cochon qu'une fois par an : sa chair salée devra couvrir les besoins de toute une année, et notamment améliorer l'ordinaire lors des fêtes.

L'image du paysan dans la société médiévale est négative. À partir du mot *vilain*, un des termes qui signifie « paysan »,

le Moyen Âge a forgé *vilainie*, synonyme de « laideur morale ». Les chroniques relatant les révoltes paysannes ainsi que les romans courtois présentent le paysan comme un être laid, stupide, grossier, fainéant. Pourtant, aussi bien le clergé que les chevaliers dépendent des vilains pour leur subsistance.

En 982, condamné pour meurtre au bannissement, le Viking Erik le Rouge quitte l'Islande et fait voile vers l'ouest. Il découvre le Groenland où d'autres colonisateurs scandinaves vont s'implanter. Cet établissement viking se maintiendra pendant environ cinq siècles jusqu'à ce que le **réchauffement climatique**, que la Terre connaissait depuis l'an 500, prenne fin et laisse place à un froid glacial.

Malgré la menace constante d'une éruption, les hommes ont toujours vécu près des **volcans**. Les sols, extrêmement fertiles dans leurs pentes, favorisent les cultures. En Indonésie, ils permettent de faire trois récoltes de riz tous les quinze mois, et au pied de l'Etna ou du Vésuve ils fournissent aux vignes de quoi produire du raisin d'excellente qualité.

Avec l'établissement des seigneuries en Occident au cours du xe siècle, les paysans deviennent tous, à des degrés divers, des dépendants dont le sort est peu enviable.

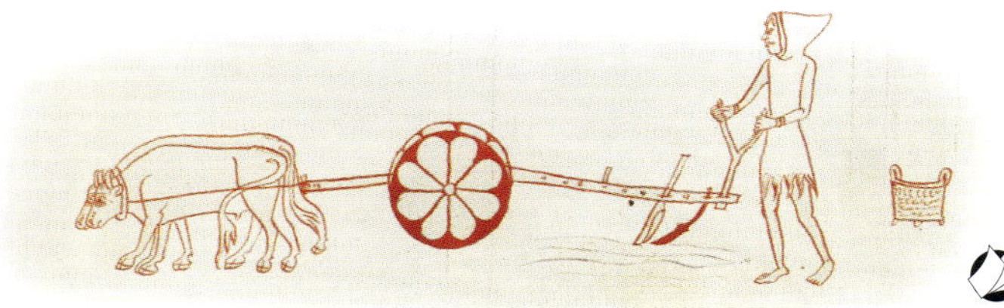

■ ***Des progrès techniques*** *permettent l'amélioration de nombreux instruments agricoles : la charrue à roues remplace l'araire, permettant des labours plus profonds ; le collier d'épaule se substitue au joug de garrot qui étranglait les animaux de trait ; le moulin à vent supplante dans certaines régions les meules à bras ; le travail du fer permet de confectionner des outils plus solides et plus performants. La terre, mieux travaillée, produit plus.*

■ ***Aux champs*** *L'agriculture médiévale a des allures de jardinage. La charrue ne supplante pas le travail de bras à la houe et à la bêche.*

La condition des paysans s'améliore à partir du XIIe siècle, notamment grâce aux progrès techniques. Même si le seigneur conserve un pouvoir de domination réel, les paysans, en s'organisant collectivement, obtiennent des chartes de franchise* qui codifient leurs droits et font reculer l'arbitraire seigneurial dans tout un village. Le développement des villes profite également aux campagnes. Pour nourrir les citadins, les paysans vont vendre leurs produits au marché, ce qui leur permet d'obtenir de la monnaie et de sortir d'un système économique autarcique.

Si autant de **langues différentes** (environ 700) sont parlées par les Papous de la Nouvelle-Guinée, c'est à cause de la géographie particulière de cette île. Une jungle impénétrable et des crêtes escarpées empêchent tout contact entre les populations, d'une vallée à l'autre.

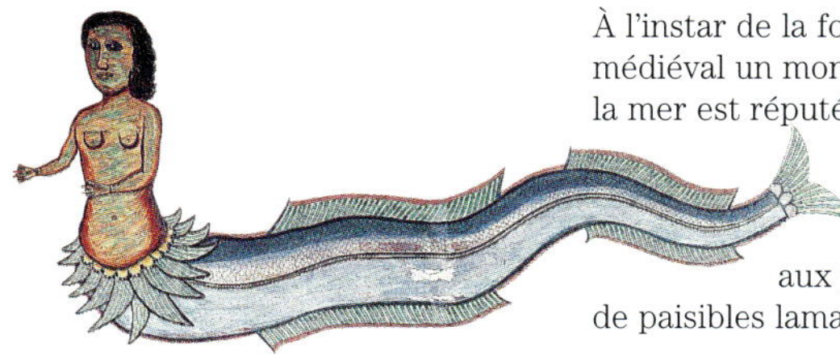

À l'instar de la forêt qui représente dans l'imaginaire médiéval un monde à la fois merveilleux et inquiétant, la mer est réputée abriter nombre de monstres marins. Parmi eux figurent en bonne place les **sirènes**, dont Christophe Colomb crut apercevoir quelques spécimens aux petites Antilles. Il s'agissait en fait de paisibles lamantins.

Au Moyen Âge, la forêt domine le paysage européen. Elle occupe dans la vie matérielle et l'imaginaire des hommes une place essentielle que seuls les grands défrichements modifieront.

La conquête de la forêt

■ ***L'homme médiéval façonne son milieu***
La déforestation n'est pas un phénomène nouveau. En quatre siècles, les vastes forêts d'Europe occidentale ont laissé place à des terres cultivées séparées par des espaces sylvestres de taille plus modeste.

terres déboisées *forêts*

La forêt constitue pour les seigneurs comme pour les paysans un réservoir de richesses, l'économie rurale étant encore fondée en grande partie sur la cueillette et la chasse. Si les aristocrates, propriétaires des bois de leur domaine, y chassent le gros gibier, conformément à leur rang, ils accordent aux paysans, moyennant une faible taxe, un *droit d'usage* de leur forêt. La *vaine pâture* permet aux tenanciers d'amener paître leurs troupeaux dans les sous-bois et la *glandée* d'engraisser leurs porcs sous les chênes. Les paysans peuvent également ramasser du bois mort, cueillir les fruits sylvestres et les champignons, récolter le miel des essaims sauvages. Certains seigneurs leur accordent le droit de capturer, durant des périodes précises, du petit gibier pour tenter de réglementer le braconnage.

Outre une alimentation d'appoint non négligeable, la forêt fournit le bois, matériau par excellence au Moyen Âge. Associé au torchis ou à la pierre, il intervient dans la construction des maisons rurales et urbaines, des châteaux forts, des églises. C'est en bois que la plupart des outils et des objets de la vie quotidienne sont confectionnés. Enfin, le bois est un combustible utilisé pour se chauffer, mais aussi pour alimenter la forge du maréchal-ferrant, les fours des métallurgistes et des verriers.

À partir du XIe siècle, des grands défrichements sont organisés qui entament la forêt. L'augmentation de la population européenne et les progrès de l'outillage rendent nécessaires et possibles de telles entreprises. Pour accroître les surfaces cultivables au détriment des espaces sauvages, les paysans procèdent de deux façons. Soit ils allongent clandestinement les sillons en faisant reculer la broussaille avec l'accord tacite de leurs seigneurs ; soit ils trouent la forêt en plein cœur. Cette seconde solution nécessite un travail pénible, long et coûteux que seuls les grands seigneurs peuvent entreprendre, quitte à s'associer.

Le recul décisif de la forêt en Occident aboutit, au XIIIe siècle, à une hausse du prix du bois, devenu plus rare. Les seigneurs restreignent alors les droits d'usage accordés jadis aux paysans. Des *verdiers*, agents de surveillance ayant pouvoir de justice, sont chargés de faire respecter la nouvelle réglementation. Seule une petite portion de la forêt seigneuriale demeure accessible aux paysans : c'est le *cantonnement**, qui aboutira bientôt à l'appauvrissement des plus démunis, les poussant à la révolte.

La culture sur brûlis consiste à abattre des arbres et à les brûler pour utiliser leurs cendres en guise d'engrais pendant quelques saisons, avant de recommencer à défricher un peu plus loin une fois la terre épuisée. C'est sans doute la première méthode utilisée par l'homme pour conquérir de nouveaux territoires agricoles. Cette pratique, qui perdure aujourd'hui, constitue la première cause de la **déforestation** de notre planète.

Le porc était pour les **Celtes** un formidable animal domestique, facile à élever et fournissant une viande susceptible d'être préparée de mille façons. Il était aussi, dans sa forme sauvage, le symbole de la force belliqueuse. C'est au son de trompes de guerre en forme de sanglier et derrière des enseignes le représentant qu'ils combattaient.

■ ***L'omniprésence du bois.*** *Maison, meubles, palissade, tonneaux, charrette, combustible sont autant d'utilisations du bois en milieu rural.*

L'homme médiéval est enserré par la forêt.

Il y projette ses rêves et ses peurs. Opaque et difficilement pénétrable, elle est réputée abriter des créatures aussi fabuleuses que difformes comme les fées, les génies, les nains ou les loups-garous. Elle protège également tous ceux qui ont fui le monde « civilisé » pour des raisons religieuses, comme les ermites, ou pour vivre un amour réprimé par les lois sociales, comme Tristan et Iseult.

Dans le scriptorium, penchés sur des pupitres inclinés, les moines passaient de longues heures à copier et à enluminer les manuscrits. Les pigments qui servaient à colorer leurs encres avaient différentes origines. Le bleu, par exemple, provenait soit de végétaux bon marché comme l'indigo ou la guède, soit de **pierres** semi-précieuses comme le lapis-lazuli importé d'Afghanistan à grands frais.

Chez les **Aztèques** de l'ancien Mexique, les sacrifices humains sont l'occasion pour les hommes d'offrir aux dieux ce qu'ils ont de plus précieux : leur sang. Avec ce don, ils s'acquittent de la dette qui les lie à jamais aux divinités, qui, à l'origine, ont versé leur propre sang pour créer le monde.

Ni paysan, ni chevalier, ni bourgeois, le moine est un religieux qui décide de fuir le monde pour vivre pleinement sa relation avec Dieu, loin des « vices » de la société.

Les moines : des hommes à l'écart du monde

Le moine se retire dans un *monastère* où, avec d'autres, il mène une existence vouée à la prière. Sa mission première est de sauver bien sûr son âme, mais aussi et surtout celle des laïques dont l'existence est entachée de péchés. L'entrée en religion est marquée par un rituel durant lequel le postulant prononce des vœux solennels de stabilité, de conversion des mœurs (pauvreté, chasteté, humilité) et d'obéissance à son supérieur. On le dépouille alors de ses vêtements séculiers* afin qu'il revête la robe monastique. Désormais, sa véritable famille est la communauté qui l'accueille.

■ ***Abbaye de Sénanque***
Le chevet de cette abbaye provençale est caractéristique de l'esthétique cistercienne : la rondeur de l'abside, la coupole du transept et le clocher de pierre forment un étagement de volumes géométriques parfaitement équilibrés.

Durant le Moyen Âge, plusieurs ordres monastiques se sont développés. À partir du VIIIe siècle, la règle de saint Benoît s'impose en Europe, unifiant ainsi le monachisme* occidental. Mais dès le Xe siècle, des interprétations différentes de ce texte apparaissent : l'ordre de Cluny, fondé en 910, insiste sur la magnificence de la liturgie, la beauté et la grandeur des bâtiments monastiques, la multiplication des messes : rien n'est trop beau pour louer Dieu. Par réaction, l'ordre de Cîteaux (1098) souhaite revenir à une vie monastique plus simple et plus rude, faisant la part belle au travail manuel comme l'avait souhaité saint Benoît.

Mais louer Dieu tout en travaillant la terre s'avère vite un pari intenable pour des moines en grande partie issus de l'aristocratie : c'est pourquoi les tâches matérielles nécessaires à la vie de la communauté seront déléguées à des *convers* que l'on distingue des *moines de chœur* par le port de la barbe. À la fin du XIe siècle, d'autres mouvements monastiques se constituent, prônant un mode de vie proche de celui des ermites, dans la solitude totale. C'est le cas par exemple des Chartreux qui mènent une existence très austère dans des sites aussi inaccessibles qu'inhospitaliers.

Bien qu'idéalement coupés des laïques, les moines sont à bien des égards partie prenante de la société médiévale. Issus de l'aristocratie, les supérieurs (abbés, prieurs) entretiennent des relations politiques avec les grands seigneurs féodaux, voire même avec les rois et les empereurs. Si les moines ne possèdent rien en particulier, les monastères, eux, sont à la tête d'immenses domaines fonciers souvent très bien gérés, tant techniquement (réseaux hydrauliques, métallurgie d'avant-garde) qu'économiquement (registres de comptes). En distribuant l'aumône aux indigents et en accueillant les pèlerins, les moines jouent également un rôle d'assistance capital. Les monastères constituent enfin de brillants centres culturels, tant dans le domaine de l'art (architecture, enluminure, chant) que de la pensée (théologie, traités spirituels, travaux de traduction). Jusqu'à la naissance des universités, la plupart des écoles de la chrétienté étaient tenues par les moines.

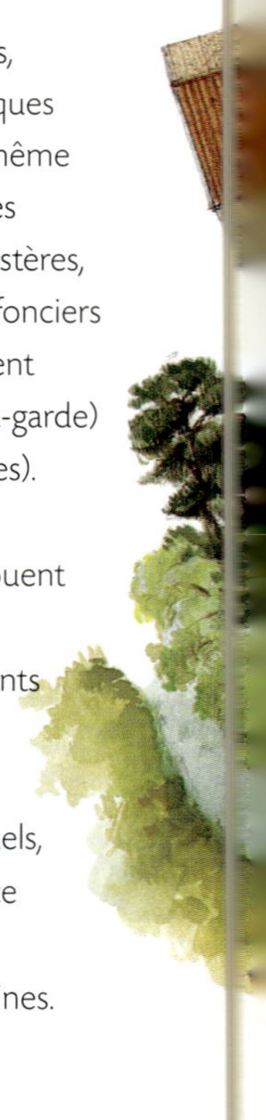

■ ***La recherche du lieu idéal***
Les monastères cisterciens sont implantés dans des sites naturels soigneusement choisis pour leur éloignement des villes mais aussi leur proximité avec les cours d'eau.

Dans l'**ancienne Égypte**, les prêtres constituent une classe importante de la société. À leur tête se trouvent les premiers prophètes nommés par le pharaon qui leur délègue son pouvoir pour célébrer le culte journalier. Pour honorer la statue du dieu, enfermée dans le sanctuaire, ils sont assistés par un clergé nombreux et très hiérarchisé.

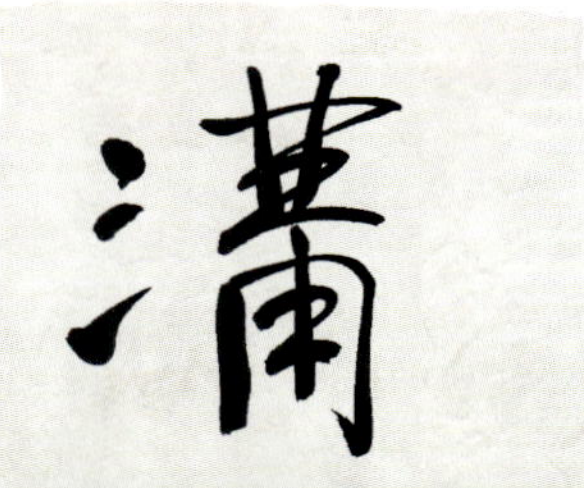

L'écriture chinoise n'est pas seulement un outil de **communication**. C'est aussi un art véritable qui réclame des années d'apprentissage avant que le calligraphe puisse approcher de la perfection, c'est-à-dire trouver l'équilibre parfait entre les lignes et le vide laissé sur le papier autour du signe.

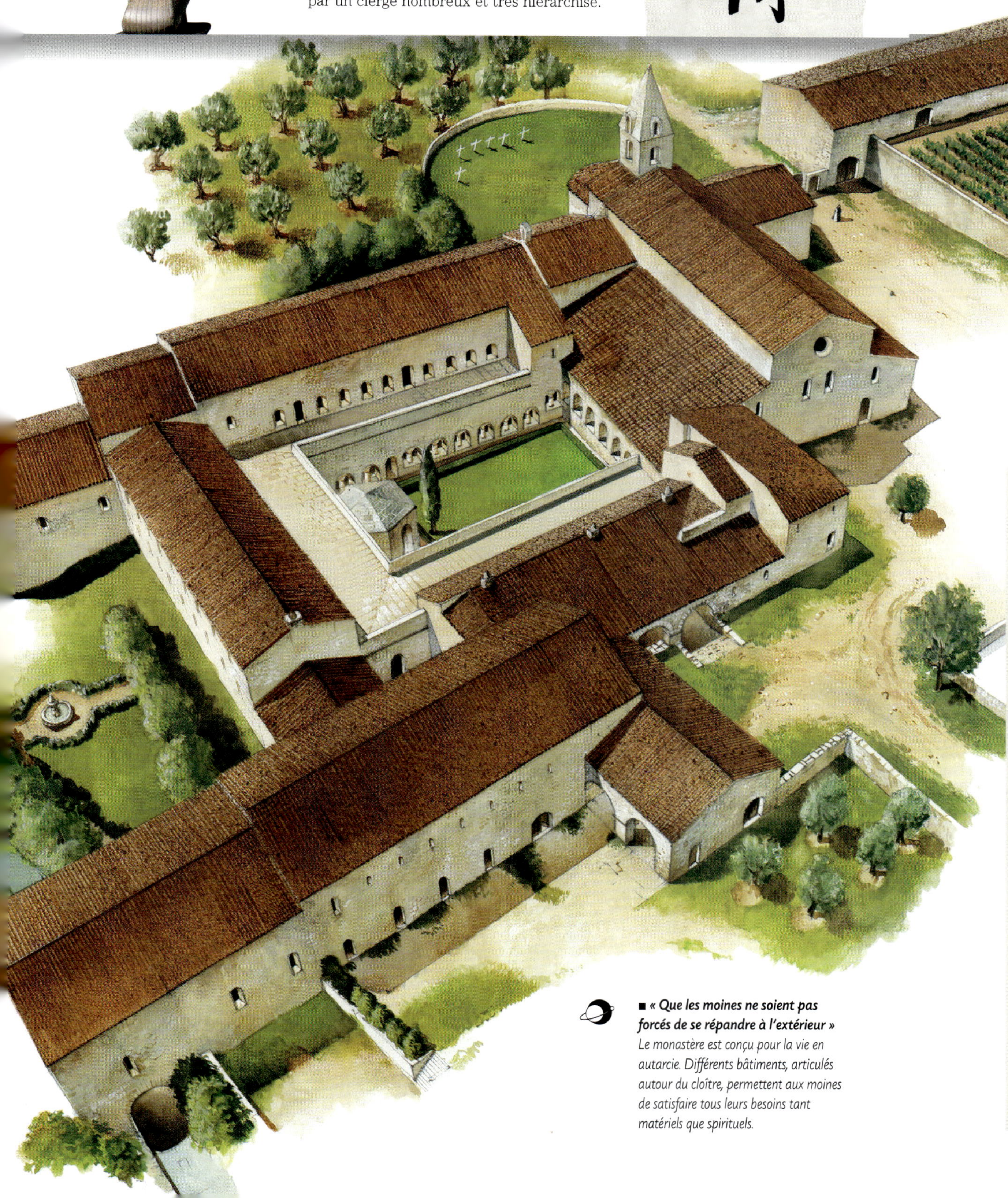

■ ***L'église, pointée vers l'est,*** *oriente tout le complexe monastique. Les moines la fréquentent en moyenne neuf fois par jour.*

■ ***« Que les moines ne soient pas forcés de se répandre à l'extérieur »*** *Le monastère est conçu pour la vie en autarcie. Différents bâtiments, articulés autour du cloître, permettent aux moines de satisfaire tous leurs besoins tant matériels que spirituels.*

Le chant grégorien

À la fin du VIIIe siècle, sous l'impulsion de la papauté, la chrétienté occidentale cherche à unifier les chants de ses offices liturgiques. Elle adopte alors le chant grégorien (attribué à tort au pape Grégoire le Grand) qui supplante les chants ambrosien, mozarabe et celtique. Le chant grégorien est un plain-chant (à une seule voix et sans accompagnement musical). Il se note en neumes, la portée musicale n'apparaissant qu'au XIe siècle.

Les **hommes préhistoriques** ont sculpté beaucoup de petites statuettes, souvent dans des défenses de mammouth. La plupart représentent des femmes, au corps énorme avec des seins, un ventre et des fesses imposants, que l'on surnomme des « Vénus ». Si plusieurs hypothèses ont été émises quant à leur signification – figuration rituelle, symbolique ou artistique – aucune d'entre elles n'est vraiment satisfaisante.

Vers l'an mil, avant que ne se produisent les invasions musulmanes du XIIe siècle, apparaît dans le sud de l'**Inde**, comme à Tanjaour, une architecture religieuse étonnante. De véritables cités de temples, en forme de montagnes cosmiques, sortent de terre. Chacune d'elles abrite une divinité que les pèlerins peuvent prier en fonction de leur goût ou de la caste à laquelle ils appartiennent.

L'art roman, essentiellement rural, se met en place après l'an mille lorsque la chrétienté, libérée des invasions, se reconstruit. S'élabore alors un style original qui confère à l'espace culturel européen son unité.

L'art roman

■ ***Les émaux sur cuivre,*** *jouant sur les tons de vert et de bleu, ornent bijoux et objets liturgiques comme cette châsse de Thomas Becket confectionnée dans les célèbres ateliers limousins.*

À partir du XIe siècle, l'Europe occidentale connaît une vague d'édification de bâtiments religieux, appuyée par les grands mouvements monastiques comme Cluny ou Cîteaux.
Ces églises sont implantées pour la plupart dans les campagnes, au centre des nouveaux villages, sur les routes de pèlerinage, ou encore dans les complexes abbatiaux. Ce qui les caractérise, c'est leur mode de couverture. La traditionnelle charpente en bois est remplacée par une voûte de pierre.
Cette modification oblige à repenser l'ensemble de l'édifice. En effet, pour soutenir la lourde voûte en pierres appareillées, une série de transformations est nécessaire : entre autres, les murs doivent être très épais et relativement bas, les fenêtres étroites et peu nombreuses, les colonnes intérieures imposantes et robustes. Les édifices romans se caractérisent ainsi par des volumes puissants, trapus et bien équilibrés. À l'intérieur d'une église romane, la pénombre et la voûte pesante confèrent à l'espace religieux une atmosphère particulière en accord avec la spiritualité d'alors.

■ ***Les vierges à l'enfant romanes*** *nous impressionnent par leur hiératisme et leur gravité. C'est en toute connaissance de cause qu'elles offrent leur enfant à l'humanité pécheresse.*

Malgré ces caractéristiques générales, l'architecture romane ne gomme pas les particularismes. Chaque région conçoit ses églises en fonction des matériaux disponibles (le granit dans le Massif central, la brique dans le Languedoc, le marbre en Italie), des savoir-faire locaux (les coupoles à Angoulême ou à Cahors), et de son héritage artistique : l'Allemagne, par exemple, reste longtemps sous l'emprise de l'esthétique carolingienne.

Une sculpture monumentale singulière anime ces bâtiments massifs, notamment aux points d'articulation des différentes composantes architecturales : corniches, portails, fenêtres, chapiteaux. Les thèmes développés évoquent les épisodes de la Bible, la vie des saints, ou bien figurent des motifs ornementaux parfois issus des arts orientaux.
Deux principes président à l'organisation de ce décor sculpté : la loi du cadre, qui déforme corps et objets afin de les plier aux contraintes du support, et l'horreur du vide, qui aboutit à un remplissage extrême des parties sculptées. L'esthétique romane, si singulière, n'est donc pas due à une supposée maladresse des hommes du Moyen Âge. Elle relève d'une logique particulière qui imbrique la forme et le fond.

L'empereur des **Aztèques** portait deux titres. Le premier *tlacateruchtli* signifiait « chef des guerriers » et le désignait comme commandant suprême des armées. Le second *tlatolli* voulait dire « celui qui parle », car même si le plus souvent le fils succédait à son père, il devait néanmoins convaincre les autres seigneurs de le désigner pour accéder à cet honneur.

Chez les abeilles, des **insectes** sociaux différents des autres, quand la population d'une colonie devient trop importante, la reine quitte la ruche, entraînant avec elle une partie des ouvrières : c'est l'*essaimage*. L'essaim s'installe dans un nouveau lieu où les ouvrières construisent immédiatement des rayons pour y élever les larves. Pendant ce temps, une jeune reine remplace l'ancienne à la tête de la colonie originelle.

■ ***Le sacre du roi de France*** *donne lieu à un rituel très complexe qui se déroule à la cathédrale de Reims. Grands seigneurs et haut clergé y participent. Après le couronnement, le baiser de paix clôt la cérémonie.*

Le lion et sa cour

En substituant des animaux aux hommes, le *Roman de Renart* parodie les acteurs de la société médiévale. Noble, le lion, roi des animaux, tente de pacifier un royaume sans cesse troublé par les querelles entre Sire Renart et Ysengrin le loup dont les autres animaux font les frais.

LE ROI

gouverne avec des conseils spécialisés et reçoit également l'aide des grands officiers

POUVOIR CENTRAL

- **CHANCELLERIE** chargée de la correspondance royale
- **LE BAN DU ROI** Tribunal suprême
- **L'ÉCHIQUIER** qui contrôle les comptes

désigne dans les provinces

ADMINISTRATION DES PROVINCES

- **DES SHÉRIFS** chargés de faire respecter la loi dans les comtés et de veiller au bon fonctionnement de la justice
- **DES JUGES ITINÉRANTS** qui surveillent et contrôlent les shérifs

ANGLETERRE

LES SUJETS élisent des représentants des barons, des chevaliers, des prélats et des bourgeois. Ce **Parlement** contrôle la monarchie.

Dans les années 1960, un professeur de sociologie canadien, Herber McLuhan, livre au monde sa théorie du « village global ». D'après lui, les nouveaux moyens de **communication** électronique, comme le web, qui raccourcissent les distances et le temps, sont une invention aussi importante pour l'humanité que celle de Gutenberg, l'imprimerie.

Les premières traces de sédentarisation de l'homme, au Proche-Orient, datent d'environ 14 000 ans. Ce n'est que bien plus tard, vers le ve millénaire, au **néolithique**, qu'apparaissent en Europe les premiers villages d'agriculteurs. Ceux-ci s'installent la plupart du temps sur les rives de lacs où ils construisent des maisons en bois montées sur pilotis.

À partir du xie siècle, l'Occident connaît une renaissance urbaine liée à la croissance démographique et à l'expansion du commerce. Progressivement, les habitants des villes, les bourgeois, vont remettre en cause le pouvoir seigneurial.

La renaissance urbaine

■ ***Le sceau urbain*** *apposé sur les documents émanant de la commune exprime l'identité collective de celle-ci.*

Après s'être atrophiées durant le haut Moyen Âge, les villes se réorganisent à partir du xie siècle grâce au développement du commerce, de l'artisanat et à la multiplication des échanges. Les cités médiévales issues de cette croissance offrent des visages différents. Certaines, comme Saint-Denis, enflent à l'ombre des monastères dont les vastes domaines fonciers génèrent des profits ; d'autres se constituent autour des centres de pèlerinage (Saint-Jacques de Compostelle), l'afflux de pèlerins nécessitant le développement de services tels que auberges et hospices. D'autres encore naissent le long des grandes voies commerciales, autour des ports (Dinant, Rouen) et sur les lieux d'implantation des foires (Troyes, Provins). Des activités particulièrement prospères, comme le travail du drap en Flandre, donnent naissance à des centres urbains monumentaux ; les villes neuves investissent les zones récemment défrichées.

À l'origine, toutes les villes dépendent d'un seigneur local, laïque ou ecclésiastique, qui exerce ici comme à la campagne son droit de ban. Les bourgeois supportent de moins en moins cette domination qui entrave leurs activités : les péages constituent un frein à la circulation des hommes et des marchandises ; les lourdes taxes contrarient le négoce ; le pouvoir banal n'est plus adapté à la nouvelle réalité urbaine. Les bourgeois les plus puissants s'associent pour défendre leurs intérêts et obtenir le droit de gérer la cité. Ils forment une *conjuration* dont les membres se prêtent mutuellement serment d'entraide. Unis, ils parviennent à obtenir du seigneur des droits et des libertés consignés dans une *charte*. Les seigneurs octroient ces *franchises* contre de fortes sommes d'argent, après de difficiles négociations ou bien des luttes sanglantes. La ville administrée collectivement et qui possède son propre pouvoir de juridiction prend alors le nom de *commune**.

■ ***Les chartes de franchise*** *sont précieusement conservées : leur vol ou leur destruction accidentelle pourraient remettre en cause les libertés communales.*

Indépendantes, les communes élisent un conseil chargé de diriger les affaires de la ville, d'élaborer des lois, de fixer les impôts, de rendre la justice. À la tête de cette administration municipale se trouve soit un *maire* épaulé par des *échevins**, soit un collège de *consuls*. La juridiction communale ne s'exerce pas uniquement à l'intérieur de l'enceinte. Elle s'étend à la *banlieue*, domaine agricole situé à proximité des remparts relevant également de la charte.

Si tous les habitants de la ville et de la banlieue sont soumis au pouvoir communal, tous n'y participent pas. Pour être membre de la commune, il faut généralement être propriétaire de son domicile (donc avoir atteint un certain niveau de richesse) et résider régulièrement dans la ville depuis au moins un an. Ces clauses visent à écarter du pouvoir communal les modestes commerçants, les marchands ambulants et les saisonniers. C'est pourquoi la petite bourgeoisie et les habitants pauvres des villes ne tardent pas à contester une gestion conçue avant tout par et pour les familles patriciennes.

Les hommes ont utilisé à peu près tous les matériaux à leur disposition pour construire des maisons. Entre le VIIIe et le XIe siècle, en Cappadoce turque, des communautés chrétiennes ont ainsi creusé directement dans des cônes de **tuf volcanique** des sanctuaires décorés de fresques admirables.

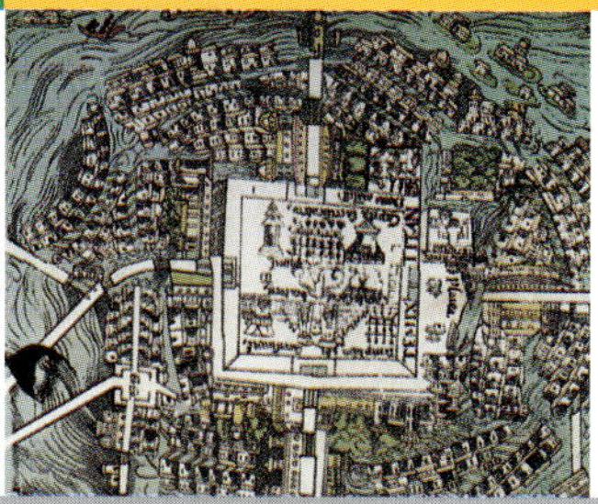

À l'époque de la conquête espagnole, la ville de Mexico était, avec environ 300 000 habitants, une des plus grande métropole de son temps. Protégée par une digue, elle était construite sur un marécage. Entourée de jardins flottants, elle comptait de nombreux palais. En son centre se trouvait un immense sanctuaire où les **Aztèques** honoraient leurs dieux et pratiquaient des sacrifices humains.

■ ***Les images de la ville***
mettent en évidence à la fois la densité du tissu urbain et la cohabitation des pouvoirs.
On aperçoit ici les clochers des églises, l'étendard rouge de la maison communale et surtout le château seigneurial, dominant, protégé par une double enceinte.

Pour se déplacer dans les rues boueuses des villes du Moyen Âge, il valait mieux suivre le haut du pavé, c'est-à-dire se tenir éloigné du caniveau central qui recevait les immondices et les eaux sales. De nos jours, il est plus difficile d'échapper à la **pollution** urbaine. L'une des plus pernicieuses est celle de l'air, saturé de particules en suspension et de gaz nocifs.

La plupart des gens pensaient que la mythique ville de Troie n'avait existé que dans l'imagination d'**Homère**. En 1872, Heinrich Schliemann fouille une colline en Turquie et met au jour neuf villes bâties les unes sur les autres. L'une d'elles, qui porte les marques d'un incendie et des traces de combat, est sans doute l'antique cité du roi Priam, détruite par Achille et ses compagnons mycéniens.

La ville, définie dans l'espace par ses remparts, abrite des maisons serrées les unes contre les autres. Seuls émergent église et beffroi*, symboles des pouvoirs religieux et civil qui la gèrent.

Vivre en ville

Lorsque la ville grandit, de nouvelles maisons s'implantent hors des remparts et constituent des quartiers neufs, les *faubourgs*, qui seront à leur tour englobés dans une enceinte plus vaste. Distincte de la campagne qui l'environne, la ville comprend néanmoins des jardins potagers, des vergers et des vignes, et même des animaux relevant de l'élevage domestique. Il n'est pas rare de rencontrer un porc au coin de la rue. Les rues médiévales sont étroites, sombres et insalubres. Les égouts souterrains n'existant pas, les eaux usées se déversent dans une rigole centrale qui finit par créer des boues puantes attirant rats et chiens errants. Les maisons en encorbellement à deux ou trois étages ne laissent pénétrer ni la chaleur ni la lumière. Cet environnement malsain, conjugué à la promiscuité, favorise les épidémies. Enfin, la plupart des habitations étant de bois et de torchis, des incendies ravagent régulièrement des quartiers entiers.

Les activités principales de la ville sont l'artisanat et le commerce. C'est pourquoi les marchés, les halles, les boutiques animent la vie urbaine. Malgré une impression de joyeux désordre, la ville est en fait organisée : les métiers se regroupent par rue (rue des bouchers, des banquiers) et les activités les plus polluantes, comme la tannerie et la teinturerie, sont rejetées à la périphérie. À l'inverse d'aujourd'hui, lieux de production et d'habitation ne sont pas dissociés. Un chapelier, par exemple, vend sa production au rez-de-chaussée dans une boutique ouvrant sur la rue ; il stocke sa matière première dans l'arrière-boutique et confectionne ses chapeaux sur place. Il mange et dort à l'étage, dans son logis, avec femme, enfants et parfois quelques apprentis qu'il héberge. Les maisons n'ont pas de numéros, mais on se repère grâce à des *enseignes*.

Les exclus

La ville médiévale a néanmoins ses exclus. Attirante par son dynamisme, elle se retrouve parfois assaillie par des gueux provenant des campagnes à la recherche d'un travail, ou par de vrais ou faux infirmes venant demander la charité. Elle ferme alors les portes des remparts et réglemente l'accès en son sein.

Si les progrès technologiques ne permettent pas encore la construction de villes ou d'usines sur d'autres planètes du système solaire, l'homme ne renonce pas à coloniser l'espace. Dans les toutes prochaines années, six spationautes devraient séjourner en permanence dans une **station spatiale internationale**, alimentée en énergie par 400 m² de panneaux solaires.

Dans la première moitié du XXe siècle, le besoin d'espace pour construire des bureaux dans les centres des villes augmente. La plupart des grandes villes américaines grandirent alors en hauteur. À New York, c'est entre 1929 et 1931 que fut érigé l'Empire State Building qui, avec ses 380,75 m de hauteur, détint pendant longtemps le record de l'**édifice** le plus haut du monde.

La ville est aussi un lieu d'entraide et de sociabilité. Les artisans exerçant la même activité se regroupent en *corporations* dont les statuts fixent les normes de fabrication des produits, les règles d'apprentissage et les conditions de travail. En définissant eux-mêmes leur *métier*, ils le protègent des imposteurs qui pourraient nuire à leur réputation. Les citadins peuvent aussi adhérer à une *confrérie*, sorte de grande famille dont les membres partagent la même dévotion à un saint protecteur ou à la Vierge. Les confrères s'entraident afin d'éviter que les leurs ne tombent dans l'exclusion et la pauvreté en cas de maladie, de vieillesse ou d'accident. Ils entretiennent également la convivialité en organisant fêtes, banquets, funérailles.

■ ***Le pilori,*** *installé sur la place du marché, expose le condamné à la vindicte de ses concitoyens. Coupeurs de bourse, mégères et prostituées subissent cette peine infamante, plus morale que physique.*

Les méthodes qu'ont employées les **Égyptiens** pour édifier les pyramides demeurent une énigme. On imagine seulement, grâce à quelques vestiges retrouvés au pied de ces incroyables monuments, qu'ils utilisaient des rampes en briques de terre crue et des échafaudages en bois pour hisser les pierres jusqu'au sommet.

C'est sans doute des Étrusques que les **Romains** apprirent l'art de construire les arcs. Grâce à cette technique qui permet de répartir le poids de l'édifice sur les briques qui composent l'arc, ils parvinrent à édifier des coupoles grandioses comme celle du Panthéon ou à lancer entre les rives d'une vallée profonde des aqueducs aussi impressionnants et solides que le pont du Gard.

Dans l'imaginaire collectif, les cathédrales incarnent à elles seules l'art gothique. Pourtant, elles apparaissent, dès le IVe siècle, lorsque l'Église chrétienne met en place son organisation administrative.

Les cathédrales

La cathédrale, qui abrite la chaire* de l'évêque, matérialise le siège du pouvoir épiscopal qui s'étend sur tout un diocèse. Cependant, l'évêque ne dessert pas seul sa cathédrale : il est épaulé par le *chapitre cathédral** composé de *chanoines*. Ceux-ci vivent autour de l'édifice religieux, dans un enclos canonial non loin du palais épiscopal.

En plus de leur tâche sacerdotale, les chanoines s'occupent de la chancellerie épiscopale* et des archives du diocèse. Ils peuvent aussi animer une école cathédrale et administrer un hôtel-Dieu, ancêtre de notre hôpital. Autour de la cathédrale s'organise donc toute une vie canoniale au service de la population.

Si aujourd'hui la cathédrale peut sembler isolée, elle était au Moyen Âge insérée dans le tissu de la ville. Sa construction nécessitait parfois la destruction de plusieurs maisons afin que la grande église puisse trouver sa place au milieu des boutiques et des habitations, ce qui n'allait pas sans créer des tensions entre les personnes « expropriées » et l'évêque. Afin de déterminer des limites symboliques entre espace sacré et espace laïque, l'évêque se livrait à un rituel de purification en aspergeant l'emplacement de la cathédrale d'eau bénite.

■ ***Il réinventa le gothique***
Viollet-le-Duc, architecte français du XIXe siècle, fit de très nombreux relevés afin de restaurer les édifices gothiques.

■ ***Un monstre dans la ville***
De l'extérieur, la cathédrale ressemble à un immense squelette de dinosaure. Cette impression tient au choix des architectes médiévaux qui ont voulu libérer et unifier l'espace intérieur en reportant dehors presque tous les éléments de soutien et de contrebutement. Il est possible de pénétrer dans la cathédrale latéralement par les portails du transept.

■ ***Un lieu consacré***
Lors de la construction d'un édifice religieux, couvrir l'autel est une priorité. La messe peut ainsi commencer avant même la fin des travaux.

En Angleterre, les hommes du **néolithique** ont érigé, entre 3100 et 1100 av. J.-C., le plus célèbre des monuments mégalithiques du monde : Stonehenge. Bien que la fonction de ces énormes pierres levées disposées en cercles concentriques ne soit pas parfaitement connue, on pense qu'il s'agissait d'un centre cérémoniel dont l'orientation permettait d'établir la date du solstice d'été et ainsi le calendrier agricole de l'année.

Tous les **édifices symboles** ne sont pas religieux. Le gigantesque Crystal Palace, un imposant bâtiment de 600 m de long tout en fer et en verre, fut ainsi construit à Londres, à l'occasion de l'Exposition universelle de 1851, pour démontrer le savoir-faire britannique. Quant à la tour Eiffel qui nécessita l'emploi de 9 300 tonnes de fer, elle fut érigée en trois ans, à Paris, au moment où s'y déroula l'Exposition de 1889.

Bien qu'exclusivement urbaine, la cathédrale doit une bonne part de son financement aux bénéfices dégagés dans les campagnes. Les riches terres d'Ile-de-France, bien gérées par de puissants seigneurs laïques ou ecclésiastiques, ont facilité l'émergence de ces chefs-d'œuvre dont le coût s'avère considérable. Les rois ont parfois contribué, sous forme de dons, à leur édification, mais c'est avant tout l'évêque et le chapitre qui financent l'essentiel des travaux soit en puisant dans leur fortune personnelle, soit en organisant localement la récolte des fonds sous forme de quête auprès des fidèles et des corporations. C'est ainsi qu'à la cathédrale de Chartres certains corps de métiers (bouchers, drapiers) ayant payé un vitrail se sont fait représenter sur la verrière pour manifester publiquement leur contribution à l'ouvrage.

C'est avec l'esthétique gothique, notamment au XIIIe siècle, que la symbolique de la cathédrale se manifeste de façon magistrale. Elle devient alors un bâtiment gigantesque dont la flèche, s'élevant vers le ciel, est visible à plusieurs kilomètres à la ronde. Elle domine de beaucoup non seulement les autres constructions urbaines mais aussi les petites églises paroissiales qui lui sont soumises, affirmant ainsi sa suprématie. Ses vastes portails sculptés qui donnent sur le parvis font office de bras ouverts pouvant accueillir une foule de fidèles lors des grandes fêtes religieuses.

Des parois de verre

L'architecture gothique tend à réduire les surfaces murales aveugles au profit de larges baies laissant pénétrer la lumière dans l'édifice. Cette lumière, manifestation de la présence divine ici-bas, passe à travers des vitraux très colorés dans lesquels, au XIIIe siècle, le bleu et le rouge dominent.

Plus que la clarté, ce sont donc des taches de couleurs mobiles et chatoyantes, variant avec les heures du jour, qui animent l'intérieur de la cathédrale.

L'apprentissage des jeunes **scribes**, exclusivement des garçons, était long et difficile. Seuls les meilleurs apprenaient à tracer les hiéroglyphes. La majorité d'entre eux devenaient des fonctionnaires qui utilisaient le hiératique : une écriture cursive mieux adaptée à la rédaction des documents administratifs et à la tenue des comptes que les hiéroglyphes.

Si l'éducation des jeunes filles grecques se faisait à la maison, les garçons étaient envoyés à l'école dès l'âge de sept ans où un grammatiste, le **maître d'école**, était chargé de leur apprendre à lire, à écrire, à compter. Quant aux bonnes manières, c'était un esclave, le pédagogue, qui les leur enseignait.

Au Moyen Âge, l'enseignement est assuré par l'Église, d'abord dans les monastères, puis dans des écoles cathédrales ou collégiales. À partir du XIIIe siècle, une nouvelle institution, l'Université, encadre l'activité intellectuelle qui s'ouvre alors sur d'autres domaines du savoir.

Un nouveau cadre pour la

■ *Enfants avec leur maître*
Dans les écoles, l'apprentissage s'effectue sous l'autorité d'un maître qui n'hésite pas à employer la discipline pour calmer ses élèves.

■ *François Villon*
La fréquentation de l'Université ne conduit pas toujours à la fortune. François Villon (1431-1463 ?), poète français licencié et maître ès arts, échappa de justesse au gibet pour avoir fréquenté des mauvais garçons.

L'Université est une corporation qui comprend des maîtres et des élèves. Son recrutement dépasse le cadre de la ville où elle est implantée. Professeurs et étudiants proviennent de l'Europe entière, circulant d'université en université. Le latin, la langue des clercs, permet à tous ces hommes d'échanger des idées et de lire des textes communs.
Pour héberger et nourrir les étudiants de modeste condition, des institutions charitables, les *collèges,* se mettent en place. Ces pensionnats se dotent d'un règlement strict (ne pas manger dans les chambres, ne pas vagabonder la nuit dans la cité) qui vise à policer une population estudiantine turbulente.

Les universités au Moyen Âge

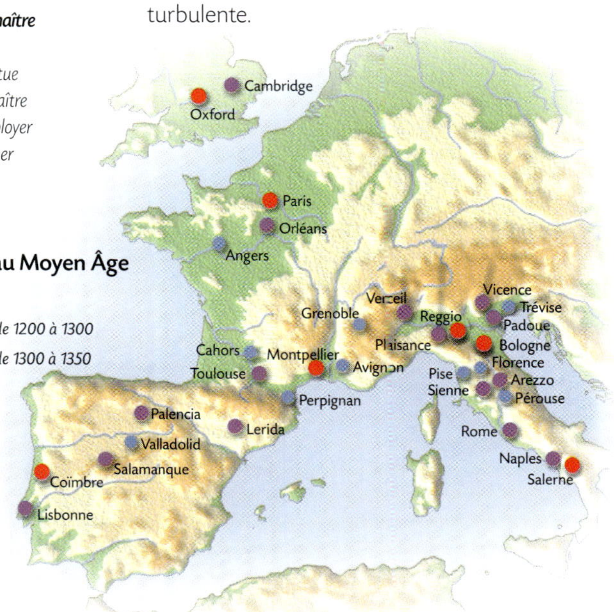

Les étudiants issus d'une même région ou d'un même pays se regroupent en nations afin de se sentir moins isolés.

L'Université est organisée en quatre facultés : celle des Arts, recevant le plus grand nombre d'étudiants, correspond au premier cycle. On peut y entrer dès l'âge de 13 ans pour apprendre durant quatre ans les 7 *arts libéraux.* Ceux qui obtiennent le doctorat et souhaitent poursuivre leur cursus choisissent ensuite une « spécialisation » parmi les trois autres facultés, droit, médecine et théologie, cette dernière étant considérée au Moyen Âge comme la plus prestigieuse. Le *recteur,* qui dirige au départ uniquement la faculté des Arts, devient au cours du XIIIe siècle le chef de toute l'Université, les facultés supérieures étant gérées par des *doyens.*

L'enseignement universitaire propose de nouvelles méthodes de réflexion : il s'agit de percer le mystère de Dieu non plus par la contemplation, mais en construisant des raisonnements, en « disputant » des questions. Ouverte aux apports extérieurs, la pensée occidentale s'enrichit et se transforme : la redécouverte de la philosophie grecque, notamment d'Aristote, remet à l'honneur la raison tandis que le contact avec les sciences arabes favorise l'expérimentation.

“ *L’encre du savant vaut mieux que le sang du martyr.* **”**

HADITH MUSULMAN

Comme chez tous les mammifères évolués, l’apprentissage des **baleineaux** est très long. Incapables de se débrouiller seuls à la naissance et pendant le mois qui suit, ils restent néanmoins près de leur mère pendant plusieurs années, même après être devenus relativement autonomes. Une période qu’ils mettent à profit pour acquérir toutes les informations et les facultés nécessaires pour survivre dans le milieu qui est le leur.

■ ***Saint Thomas d’Aquin, docteur en théologie dominicain,*** *écrit au* XIII*e siècle un ouvrage capital,* La Somme théologique, *dans lequel il tente de prouver que foi et raison ne sont pas contradictoires. Flanqué d’Aristote et de Platon, il écrase de son autorité Averroès, philosophe arabe qui prône, lui, la doctrine de la « double vérité » selon laquelle vérité rationnelle et vérité révélée s’opposent.*

pensée : l’Université

Autour des universités se développent des quartiers spécifiques dont les activités sont directement liées au livre : vendeurs d’encre, de plumes et de parchemins, relieurs, copistes professionnels. Le livre universitaire n’a plus le même statut que le manuscrit monastique, patiemment calligraphié et richement enluminé. Il perd son caractère d’objet sacré et prestigieux pour devenir un simple outil de la pensée, pratique et maniable, pouvant se vendre, se louer ou s’échanger comme n’importe quelle autre marchandise. Une nouvelle forme d’écriture, la cursive, permet de recopier rapidement les cours et les ouvrages et donc de mieux diffuser le savoir. Les index et les tables des matières apparaissent pour faciliter le repérage dans les textes.

Si les représentations humaines dans **« l'art » des cavernes** sont rares, elles sont aussi souvent surprenantes. Qui est cet étrange personnage, tracé sur les parois de la grotte des Trois Frères en Ariège, doté d'une ramure de cerf, d'une tête de chouette, d'une queue de cheval et d'un sexe d'homme ? Un sorcier, un animal mythique ou un prêtre ?

Sous les **Carolingiens**, et plus tard pour les empereurs du Saint Empire romain germanique, la forme octogonale de la couronne a une valeur symbolique. Ses huit côtés formés par deux carrés superposés et décalés évoquent l'un, la ville de Rome, et l'autre la Jérusalem céleste, c'est-à-dire la vie terrestre et la vie, à venir, au paradis.

Au Moyen Âge, la foi constitue le facteur d'unité le plus puissant. Les chrétiens qui partagent la même religion forment une grande communauté, la chrétienté, dirigée par un seul homme : le pape.

Un seul chef pour l'Église d'Occident : le pape

Le pape est considéré comme le successeur de Pierre, l'apôtre à qui le Christ a confié la direction de l'Église de son vivant. Parce qu'il tient symboliquement son pouvoir de Dieu, on qualifie le souverain pontife de *vicaire du Christ sur terre.* Installé à Rome, le pape cherche à faire de cette cité le centre politique et religieux de la chrétienté, matérialisé, au XVe siècle, par l'immense basilique Saint-Pierre édifiée sur le tombeau de l'apôtre.

■ ***Le pape Urbain II,** en 1095, en présence de l'abbé Hugues, consacre la plus grande église de la chrétienté : celle de Cluny.*

■ ***Innocent III** a été le pape le plus puissant du Moyen Âge. Dans le premier quart du XIIIe siècle, il est parvenu à imposer aux rois et aux empereurs la suprématie absolue du pouvoir pontifical.*

On venait de la **Grèce** entière dans la ville de Delphes consulter le dieu Apollon qui s'exprimait par l'intermédiaire de la Pythie. Quand on lui posait une question, cette femme se retirait dans une pièce où des vapeurs qui s'échappaient par une faille dans le sol la faisaient entrer en transe. Les prêtres interprétaient alors ses propos incompréhensibles et livraient l'oracle à la foule.

D'abord ardent défenseur de l'Église romaine, **Henri VIII**, (1491-1547), roi d'Angleterre, rompt avec le pape quand celui-ci refuse d'annuler son mariage avec Catherine d'Aragon. Il se fait alors proclamer « chef suprême de l'Église anglaise » et une répression terrible s'abat sur les catholiques anglais. C'est pendant le règne de sa fille, Élisabeth Ire, que l'anglicanisme adopte sa forme définitive, entre catholicisme et protestantisme.

La mission du pape est d'organiser l'Église et de propager la religion chrétienne. Il est donc le plus haut placé dans la hiérarchie ecclésiale. Il contrôle l'épiscopat et les ordres religieux, supervise les universités européennes, impulse les croisades, et définit les grands dogmes sur lesquels la croyance doit se fonder.
Il a le pouvoir d'excommunier les simples fidèles, les rois et même les empereurs qui n'appliqueraient pas les principes de la religion catholique. Néanmoins, les chrétiens d'Orient, pour des raisons à la fois culturelles et politiques, refusent d'obéir au pape de Rome qui souhaite incarner l'unique tête de la chrétienté.

■ ***Les antipapes*** *sont des souverains pontifes qui ont été élus irrégulièrement et qui s'opposent au pape « officiel ». Rome les diabolise en les représentant investis par de petits démons.*

En 1054 il se forme alors une autre Église, dite orthodoxe, dirigée par des patriarches*. Ce schisme* brise le rêve d'un peuple chrétien uni construit sur le modèle de la première famille du Christ : les douze apôtres.

En Occident, la suprématie du pape sur l'Église latine, y compris sur le pouvoir politique, a été le fruit d'une longue lutte. En effet, à l'époque féodale, Église et société laïque sont très imbriquées : les rois et les grands seigneurs choisissent les évêques et les abbés afin qu'ils servent leurs intérêts ; les papes eux-mêmes sont imposés par les princes italiens ou les empereurs. Les prélats* vivent souvent comme de grands féodaux tandis que les petits prêtres, peu instruits, s'avèrent incapables d'encadrer correctement les fidèles. Les hommes d'Église, normalement soumis au célibat, n'hésitent pas à prendre des concubines (nicolaïsme*). À partir de la fin du XIe siècle, quelques papes énergiques (Nicolas II, Grégoire VII) décident de dégager l'Église de l'emprise des laïcs et de lui redonner son rôle d'autorité morale placée au-dessus des pouvoirs politiques : c'est la *réforme grégorienne*.
Pour que leurs décisions soient appliquées, des agents du pape, les *légats pontificaux*, parcourent la chrétienté.

Au début du XIVe siècle, des troubles politiques en Italie obligent les papes à s'installer dans le royaume de France, en Avignon, provoquant le mécontentement des Romains.
De 1309 à 1376, sept papes, tous français, y résident. Ils développent dans un somptueux palais une véritable cour et un gouvernement avec chancellerie et tribunal : la curie.

■ ***La cité des papes à Avignon*** *est ici représentée idéalement. On reconnaît néanmoins le château pontifical à ses oriflammes aux clés entrecroisées.*

En formulant sa théorie de l'**évolution**, Charles Darwin (1809-1882) bouscule les croyances de l'époque qui veulent que chaque espèce ait été créée une fois pour toutes afin de s'adapter aux conditions de son milieu. Mais c'est surtout la parution de son ouvrage, *La Descendance de l'homme*, en 1871, dans lequel il démontre que les hommes et les singes ont un ancêtre commun, qui provoque colère et surprise chez un grand nombre de ses contemporains.

Quand Galileo **Galilée** (1564-1642) confirme les intuitions de Copernic et observe grâce à sa lunette astronomique que la Terre n'est pas le centre du monde mais, au contraire, tourne autour d'un Soleil immobile, il est jugé par l'Inquisition et condamné à la prison à vie pour grave suspicion d'hérésie.
Un jugement qui ne sera annulé qu'en 1992 !

Les hérésies : une contestation

Pour qu'il y ait *hérésie,* il faut que la religion chrétienne soit bien définie, partagée par une majorité de fidèles mais aussi soutenue par un pouvoir temporel, royal ou impérial. C'est pourquoi les premières hérésies apparaissent au IVe siècle lorsque le christianisme devient une religion officielle. En organisant des *conciles* (assemblées regroupant les évêques de la chrétienté), les premiers papes définissent les dogmes* de la foi. Ceux qui ne les partagent pas sont alors qualifiés d'*hérétiques*.

Si les hérésies du haut Moyen Âge portent sur la nature du Christ (est-il un Homme ? Un Dieu ? Les deux à la fois ?), celles qui se développent en Occident aux XIe et XIIe siècles remettent aussi en cause le rôle du clergé et le comportement des hommes d'Église. C'est le cas du *catharisme* qui touche la Provence et le Languedoc. Contrairement aux chrétiens qui croient en un Dieu bon et unique, créateur de tout l'Univers, les cathares pensent que deux principes, le Bien et le Mal, régissent le monde. Ils refusent les sacrements de l'Église (baptême, extrême-onction) car ils jugent le clergé indigne de les administrer.
Beaucoup de prêtres du sud de la France ne sont plus respectés, soit parce qu'ils sont ignorants des principes de la foi, soit parce qu'ils vivent sur leurs fiefs comme de grands seigneurs en écrasant leurs paysans de taxes et en méprisant leurs vassaux, les petits seigneurs laïques.

■ ***Les « châteaux cathares »***
Les cathares n'ont jamais résidé dans les châteaux qui portent leur nom. Ce sont les seigneurs méridionaux, souvent rétifs au pouvoir royal, qui les habitaient.

Les cathares, qui cherchent à vivre de façon absolue leur idéal spirituel, attirent les chrétiens déçus par l'Église ou mécontents de leur condition.

Dès la fin du XIIe siècle, l'Église réagit face à cette contestation : localement, elle écrase l'hérésie cathare en lançant *la croisade contre les Albigeois*. Cette décision est encouragée par le roi de France, Philippe Auguste, qui en profite pour imposer son autorité sur les régions méridionales qui lui échappaient encore.
Il envoie ses chevaliers d'Île-de-France, conduits par Simon de Montfort, massacrer les hérétiques.
Les papes favorisent également l'action des Ordres Mendiants (Franciscains et Dominicains) : créés au XIIIe siècle, ils ont pour mission de restaurer la vie religieuse telle qu'elle est décrite dans les Évangiles. Bien formés intellectuellement, ils doivent lutter contre l'hérésie en prêchant, mais aussi en donnant l'exemple d'une vie chrétienne rigoureuse.

C'est essentiellement parce qu'ils refusaient de participer au culte impérial que, pendant deux siècles et demi, les **empereurs de Rome** vont persécuter les chrétiens. D'abord limitées et sporadiques, les persécutions atteignent leur apogée sous Dioclétien, de 284 à 305. Mais, malgré cette terrible répression, la nouvelle religion ne cesse de gagner des adeptes car elle fait du martyr, un saint.

Le moine **Martin Luther** (1483-1546) est excommunié en 1521 pour avoir critiqué la pratique des « indulgences* ». Il traduit alors la bible en allemand et gagne à sa cause des princes et des villes qui protestent en sa faveur et déclarent avec lui que seule la foi sauve le chrétien.

de l'Église

Les hérésies sont des opinions religieuses condamnées par l'Église car jugées non conformes à la doctrine catholique. Elles s'accompagnent parfois d'une remise en cause du clergé comme intermédiaire entre Dieu et les hommes.

■ ***Le feu purificateur***
Non seulement le feu fait disparaître corporellement l'hérétique, mais on lui accorde aussi le pouvoir de purifier la doctrine officielle entachée par l'Erreur.

Mais l'arme la plus radicale sera le « Tribunal de la Sainte-Inquisition » créé par Grégoire IX en 1231. Itinérants, les inquisiteurs parcourent toute la chrétienté, et notamment la France à la recherche des hérétiques que la population a le devoir de dénoncer.
Toute personne protégeant un hérétique est elle-même condamnée. Après un interrogatoire portant sur des questions théologiques compliquées, les hérétiques doivent se repentir. S'ils refusent, ils seront torturés. S'ils s'entêtent, ils seront brûlés vifs. On disperse leurs cendres afin qu'aucun culte ne puisse naître sur le lieu de leur « martyre ».

■ ***Le feu révélateur de la Vérité***
Saint Dominique, fondateur des Frères Prêcheurs, confie aux hérétiques le livre de la vraie foi. Ces derniers jettent le manuscrit au feu mais les flammes divines refusent de le brûler. Devant l'évidence de ce miracle, les hérétiques rejoignent la religion catholique.

Les **criquets** pèlerins sont sans doute les plus terribles des ravageurs de cultures. Les jeunes individus se rassemblent en bandes de plus en plus nombreuses puis quand leurs ailes sont suffisamment fortes, ils s'envolent et forment de monstrueux essaims. Ils ne s'arrêtent que pour dévorer en quelques minutes les champs de céréales qu'ils rencontrent. Enfin, épuisés, ils se posent, pondent et meurent.

Quand le peintre italien Giotto (1266-1337) voulut représenter l'Adoration des Rois mages, il ne se contenta pas, comme ses prédécesseurs, de peindre une étoile stylisée, mais s'inspira du spectacle qu'il pouvait contempler toutes les nuits. En cette année 1301, la **comète**, qui porterait plus tard le nom de Halley, frôlait la Terre en traînant derrière elle son panache de poussières lumineuses.

Reliques et pèlerinages

Les hommes du Moyen Âge, pour résoudre leurs problèmes, s'adressent plus volontiers aux saints, accessibles et compréhensifs, qu'à Dieu en personne dont la majesté les impressionne.

Les saints sont des hommes et des femmes qui, en contrepartie de leur vie vertueuse ou des souffrances qu'ils ont subies pour la défense de la religion catholique, sont investis par Dieu d'une force surnaturelle, la *virtus*, qui produit des *miracles*. Les hommes prient devant leur image ou leur statue en leur demandant de guérir une maladie, de protéger les récoltes, de libérer des prisonniers ou encore de rendre une femme féconde.
Les saints, très nombreux, sont « spécialisés » : saint Christophe protège les voyageurs, sainte Lucie guérit les maladies des yeux et saint Denis veille sur la dynastie capétienne.

Les saints produisent des miracles même après leur mort car la virtus continue d'agir dans leurs restes corporels. Ces « restes », les *reliques*, correspondent soit au corps entier du saint installé dans son tombeau, soit à une portion de son corps plus ou moins importante (tête, bras, pied, cheveu, vertèbre) exposée dans un reliquaire. En effet, le Moyen Âge pratique le démembrement des corps afin de multiplier les lieux de culte. Un fragment est réputé contenir autant de force miraculeuse que le corps entier. Pour obtenir des bienfaits, les hommes du Moyen Âge se rendent près des reliques conservées dans les églises.

■ ***Saint Jacques le Majeur*** *est souvent représenté lui-même en habit de pèlerin : chapeau à larges bords orné d'une coquille, long manteau, besace. Il s'appuie sur un bâton de marche, le bourdon. Ici, le saint tient dans sa main droite le livre, attribut des apôtres.*

Les **requins pèlerins** ne sont visibles à la surface de l'eau, la bouche grande ouverte pour se nourrir de minuscules organismes planctoniques qu'ils filtrent à travers le tamis de leurs branchies, que pendant le printemps et l'été. À cette période, ils sont pourchassés pour leur énorme foie gorgé d'huile. On pense qu'ils passent le reste de l'année dans les grandes profondeurs de l'océan.

Parmi les nombreuses fêtes qui rythmaient l'année athénienne, les plus importantes étaient celles consacrées à la déesse protectrice de la cité, **Athéna**. Elles se déroulaient tous les ans au mois d'août, mais revêtait, tous les quatre ans, un faste particulier. Tous les habitants de la ville cheminaient en procession jusqu'à l'Acropole où avait lieu le sacrifice de cent bœufs.

■ *Sur la route*
Au cours de leur périple, les pèlerins font des rencontres, bonnes ou mauvaises, allant de la dame charitable à l'hôtelier escroc. Quelle que soit leur situation, ils doivent toujours réagir en bon chrétien.

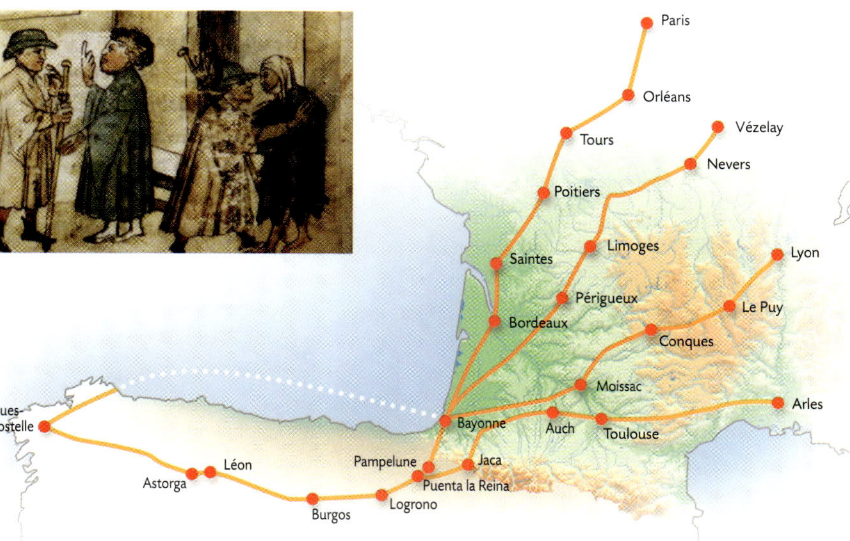

Les chemins de Saint-Jacques-de-Compostelle

■ *Quatre routes principales,* *se rejoignant à Puenta la Reina, mènent à Saint-Jacques. Ces itinéraires balisés sont recommandés par le guide du pèlerin rédigé au XIIe siècle.*

Ils restent parfois à leur contact neuf jours entiers *(la neuvaine)*, ou bien accrochent tout près du corps sacré un morceau de tissu pour qu'il s'imprègne de virtus. Les chrétiens font également des dons aux saints afin qu'ils exaucent plus volontiers leurs vœux. Les reliques constituent donc pour le clergé une importante source de revenus. Les églises qui n'en ont pas les volent parfois à leurs voisins, ou bien créent de fausses reliques, à partir d'os humains ou animaux.

Les reliques déplacent les foules qui entreprennent des voyages périlleux et lointains, les pèlerinages, pour obtenir la grâce. Les pèlerins partent seuls ou en famille, à pied ou à cheval selon leur fortune. S'il existe des pèlerinages locaux et régionaux, d'autres s'effectuent à l'échelle de la chrétienté.

Les trois destinations les plus prestigieuses sont Jérusalem, où le tombeau du Christ est conservé, Rome, où saint Pierre et saint Paul ont été martyrisés et Saint-Jacques-de-Compostelle, en Galice. C'est là que se trouve le corps entier de l'apôtre Jacques qui fut décapité lors des persécutions romaines contre les premiers chrétiens. Son culte prend un essor particulier car saint Jacques est considéré comme le protecteur de l'Espagne chrétienne et le héros de la *Reconquista**, la lutte contre les musulmans installés depuis le VIIIe siècle dans la péninsule Ibérique. Les rois chrétiens font construire sur son tombeau une immense cathédrale romane qui accueille des pèlerins venus de toute l'Europe.

■ *Les boîtes à reliques*
Certains reliquaires, dits morphologiques, évoquent par leur forme générale le fragment corporel qu'ils abritent. Celui-ci est parfois visible à travers une petite fenêtre en cristal de roche.

Depuis l'Antiquité les épices, ces substances aromatiques tirés de **végétaux** poussant aux Indes ou dans des îles de l'océan Indien, représentent pour les Européens un trésor qui les incitera à partir sur des mers inconnues. C'est d'ailleurs en noix de muscade, transportées par des caravanes venues d'Orient, qu'au XIIe siècle les sujets musulmans de Saint-Jean-d'Acre paient leurs impôts à leurs nouveaux suzerains croisés.

Les chevaliers teutoniques décoraient leur casque avec de magnifiques plumes que les mâles paons déploient, en guise de **signal de communication**, au cours de leur parade nuptiale pour séduire les femelles. Ces plumes, très élégantes, étaient aussi choisies car cet oiseau symbolisait dans l'imaginaire chrétien l'immortalité et la résurrection.

Les croisades sont des expéditions militaires menées par les catholiques contre les infidèles. Au départ motivées par un élan religieux, elles répondent aussi à des motivations d'ordre politique et économique.

Les croisades

En 1195, c'est l'occupation de Jérusalem par les musulmans qui déclenche la première croisade. Les chrétiens ressentent comme une souillure l'installation des infidèles sur les lieux où le Christ a vécu la Passion* et où son tombeau vide, preuve de sa résurrection, est conservé. Tout comme le *Djihad* chez les musulmans, la croisade est considérée par les chrétiens comme une guerre sainte et juste. Théoriquement, elle ne doit pas viser à conquérir de nouveaux territoires ni à convertir les populations, mais à défendre la chrétienté quand elle est attaquée.

La plupart des croisés sont des chevaliers auxquels se joignent parfois des rois et des empereurs, comme Richard Cœur de Lion et Frédéric Barberousse lors de la IIIe croisade ou encore Saint Louis lors de la VIIe. Partir en croisade coûte cher, puisqu'il faut s'équiper militairement, posséder un ou plusieurs chevaux et pouvoir subvenir à ses besoins durant un voyage qui dure une année ou plus. Entre la fin du XIe et le milieu du XIIIe siècle, période où se succèdent les croisades, l'Occident connaît un essor démographique. Les jeunes chevaliers sont nombreux et ils ne trouvent pas tous un fief pour s'établir en tant que seigneur. Ils constituent alors une population violente et turbulente, avide d'aventures guerrières et de terre.

L'Église et le pouvoir royal les incitent à partir en Orient pour mettre leur fougue au service d'un idéal chrétien. Parfois de simples paysans armés de fourches, voire des enfants, ont voulu se joindre au cortège militaire pour apporter leur pierre à une entreprise religieuse exaltante. Plus encore que les chevaliers, ils ont péri en route, de faim, d'épuisement, de maladie ou d'agression.

Les croisades sont des expéditions organisées. Elles ne peuvent avoir lieu sans l'autorisation du pape qui met au point un réseau de prédicateurs assermentés prêchant dans toute la chrétienté pour lever les troupes et exposer aux populations les raisons de la guerre sainte.

Avant de partir, les croisés émettent un vœu qui les engage à ne pas piller les pays qu'ils traversent. En échange, l'Église doit veiller sur leurs familles et leurs biens durant leur longue absence.

La direction des opérations militaires est confiée aux empereurs, aux rois et aux grands vassaux de la Couronne. De nouveaux ordres religieux (Templiers, Hospitaliers de Saint-Jean de Jérusalem, chevaliers teutoniques) sont créés. Composés de moines-soldats, leur rôle est de défendre la Terre sainte et d'assurer la protection des croisés et des pèlerins. Enfin, les croisades sont financées par les chevaliers eux-mêmes, mais aussi par des quêtes lors des prédications* ou encore par un impôt exceptionnel : en 1187, Philippe Auguste lève la dîme saladine sur tout le royaume de France pour aller délivrer les chrétiens d'Orient assiégés par Saladin, le sultan d'Égypte.

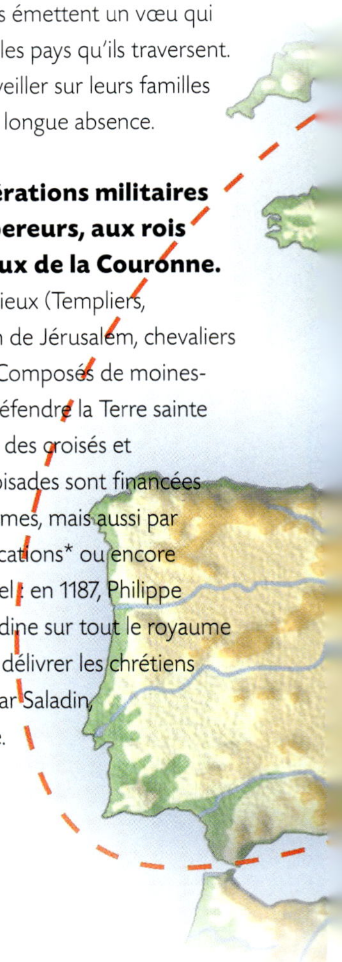

■ ***La croix comme emblème***
Aucune réglementation ne détermine avec précision la forme, la taille et l'emplacement de la croix rouge en tissu que les croisés qui cheminent vers Jérusalem, qu'ils soient chevaliers ou simples pèlerins, cousent sur leur vêtement.

Ce sont les mamelouks, une sorte de milice armée, qui, alliés avec les croisés, arrêtent les armées mongoles avant d'expulser les Francs de Syrie, en 1291, mettant définitivement fin à l'épopée des croisades. Grâce à leur puissance militaire, ils deviennent également les maîtres de l'**Égypte** jusqu'à ce que les Ottomans contestent leur pouvoir.

Si la conversion à la foi catholique des **peuples d'Amérique** est une donnée importante de la conquête du nouveau monde, elle n'est pas la motivation principale des conquistadores – les « conquérants » en espagnol – qui cherchent avant tout, comme ils le disent eux-mêmes, « hora y pro », honneur et profit.

Deux siècles d'expéditions en Terre sainte

Les croisades concernent des zones géographiques immenses englobant l'Europe occidentale et orientale mais aussi l'Égypte et le Proche-Orient.

- *Première croisade : Godefroy de Bouillon*
- *Deuxième croisade : Louis VII*
- *Troisième croisade : Frédéric Barberousse*
- *Troisième croisade : Philippe Auguste*
- *Troisième croisade : Richard Cœur de Lion*

■ ***Les outils du supplice***
Les instruments de la Passion, la croix, la lance, l'éponge, comme les clous et la couronne d'épines font l'objet d'un culte fervent.

■ ***La prise de Jérusalem en 1099***
La délivrance de la Ville sainte s'impose comme la cause première et emblématique du voyage d'outre-mer, la destination rêvée de tout croisé.

On envisage, dans un avenir plus ou moins lointain, d'employer une voile pour se propulser à travers **l'espace**. Des vaisseaux spatiaux, dotés d'une voile gigantesque gonflée par des photons, des particules de lumière, partiront donc peut-être bientôt à la conquête du cosmos.

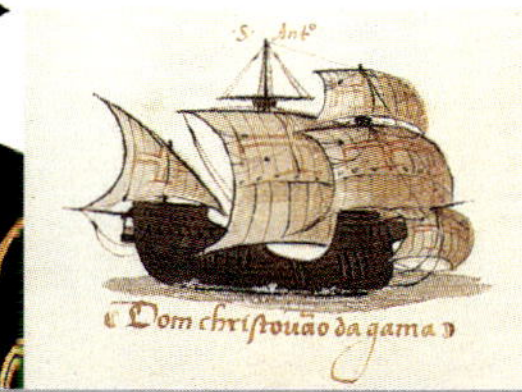

L'unique moyen pour les Européens d'atteindre l'océan Indien pour conquérir les **routes maritimes** de l'Orient dominées par les commerçants arabes était de contourner l'Afrique par le Sud. C'est Vasco de Gama (1469-1524), un fin navigateur et un redoutable chef militaire portugais, qui, le premier, atteint Calicut, le 22 mai 1498, et ouvre la route des Indes.

À partir de la fin du XIe siècle, l'Europe occidentale, en pleine expansion, met au point un immense réseau d'échanges qui permet aux hommes et aux marchandises de circuler plus librement.

Le grand commerce

Auparavant, l'Occident, en proie à l'insécurité et politiquement morcelé, ne connaissait pas de commerce à grande échelle. L'installation des musulmans sur le pourtour de la Méditerranée avait contrarié les échanges ; les invasions normandes rendaient les grands fleuves périlleux ; les marchands itinérants, les *pieds poudreux*, étaient rançonnés par les brigands et taxés par les seigneurs qui exigeaient des péages ; la monnaie était rare.

■ *Par la mer, mais aussi par la terre*
La Flandre et les grands ports d'Italie du Nord sont reliés par une voie d'échanges terrestre passant à travers les Alpes grâce à l'aménagement de deux cols : le Saint-Bernard et le Mont-Cenis. C'est à mi-parcours que sont organisées les foires de Champagne.

La renaissance du grand commerce est liée à l'offensive chrétienne en Méditerranée (croisades, *Reconquista*) qui permet aux marchands de naviguer en toute sécurité. L'installation des Normands en Italie du Sud et en Sicile, l'établissement des royaumes latins d'Orient en Syrie et en Palestine facilitent les contacts avec l'Orient. Les rois, épaulés par l'Église, parviennent à pacifier leur royaume rendant les routes plus sûres. Sur terre comme sur mer, des progrès techniques favorisent les déplacements : on utilise désormais la charrette à quatre roues pour transporter de lourdes charges ; on emploie la boussole et le gouvernail d'étambot pour manœuvrer et se repérer en mer.

Deux grands courants commerciaux complémentaires s'imposent. Le premier s'organise autour de la Méditerranée et de ses grands ports italiens : Venise, Pise, Gênes. Ce trafic maritime permet à des produits orientaux de grande valeur de se diffuser en Europe. L'or, les épices, la soie, l'alun, les parfums agrémentent la culture raffinée des villes et des cours occidentales. Le second courant a pour foyer la Flandre et ses villes *drapantes* (Bruges, Gand, Douai, Ypres). À partir de la laine, importée d'Angleterre, on y fabrique des draps exportés dans toute l'Europe. Ce commerce nordique est prolongé jusqu'à Novgorod par les activités de la *Hanse** regroupant les marchands des villes bordant la mer du Nord et la Baltique. Par les grands ports hanséatiques (Hambourg, Lubeck, Dantzig, Riga) transitent des produits de première nécessité comme le bois, les harengs de Scandinavie, le blé, les fourrures.

À mi-chemin entre ces deux grands pôles se développent les foires de Champagne, plaque tournante du commerce européen. Contrairement au marché qui est hebdomadaire, ne dure qu'un jour et ne concerne que des producteurs locaux, la foire s'installe pour un mois et son rayonnement est « international ».

C'est surtout à partir du début du XVe siècle, quand commence l'ère des **grandes découvertes**, que les navigateurs emploient des instruments pour déterminer leur position. L'un des premiers à être utilisé est l'astrolabe, inventé par les astronomes arabes, qui permet de déterminer la hauteur du soleil à son zénith.

Gerhard Mercator (1512-1594) bouleverse l'art de la **cartographie et de la navigation** : il ne place plus Jérusalem au centre du monde et met au point une méthode de représentation des terres et des océans qui tient compte de la sphéricité de la Terre. C'est encore aujourd'hui ce type de carte, dite de « projection de Mercator », que la plupart des navigateurs emploient.

Aux foires de Champagne s'échangent les produits relevant aussi bien du commerce septentrional que du commerce méditerranéen. Ces grandes manifestations servent également de banques européennes temporaires puisqu'on y échange des monnaies d'or et d'argent différentes (ducat vénitien, florin, livre parisis) selon des tables de correspondance très précises, et qu'on y apure les comptes des années précédentes. Les changeurs et banquiers, souvent italiens, mettent au point *le contrat de change,* un acte notarié qui permet de régler un paiement ailleurs et plus tard dans une autre monnaie.
À partir du XIVe siècle, ce procédé est remplacé par la *lettre de change,* plus pratique, car elle évite le recours à un notaire.

■ ***Autoportrait***
À la fenêtre de son palais urbain de Bourges, le fier Jacques Cœur symbolise à lui seul l'homme d'affaires du XVe siècle, mêlant audace, richesse, talent politique et diplomatique.

■ ***La route des mers***
La boussole a favorisé les grands voyages maritimes. Connue dès la fin du XIIe siècle, elle n'est néanmoins employée couramment en Occident qu'au cours du XIVe siècle.

Voyager pour affaires, c'est aussi découvrir de nouveaux mondes

En 1262, le Vénitien Marco Polo partit avec son père et son oncle en Extrême-Orient à la recherche de marchés lucratifs. Après avoir traversé la Mongolie et atteint la Chine, il résida plusieurs années à la cour du grand khan (roi mongol) Kûbilaï pour qui il effectua des missions jusqu'en Inde. Fait prisonnier sur le chemin du retour, il rédigea, du fond de sa cellule, le *Livre des Merveilles du monde* décrivant les habitants censés peupler ces contrées lointaines. Il reprend en fait dans cet ouvrage les conceptions imaginaires des « races du bout du monde » montrant des hommes sans tête au visage sur la poitrine et des unijambistes se balançant sur le dos.

Dès le premier millénaire av. J.-C., les **pharaons de l'Égypte** perdent leur pouvoir quand leurs voisins, puis les Grecs et plus tard les Romains conquièrent le pays. Ainsi Cléopâtre, la plus célèbre des reines d'Égypte, était-elle la dernière héritière de la dynastie lagide, fondée en 305 av. J.-C. par Ptolémée, un des généraux grecs d'Alexandre le Grand.

C'est pour se défendre contre les « Barbares des steppes » que, cinq siècles avant notre ère, les **monarques chinois** de la dynastie Zhou commencent à faire ériger un mur qui encercle leur pays. Pendant 2 000 ans, leurs successeurs poursuivront leur œuvre. Pourtant la muraille longue de 6 000 kilomètres, avec une tour de guet tous les 120 mètres, sera maintes fois franchie par des envahisseurs.

■ ***Roger II*** *se fait représenter comme un empereur byzantin couronné par le Christ en personne.*

Les portes de l'Orient

Au XIIe siècle, la chrétienté occidentale, prospère et dynamique, est en pleine expansion. Elle s'implante sur des territoires nouvellement conquis soit sur les possessions arabes, soit sur un Empire byzantin affaibli.

> **Ces conquêtes militaires ne visent pas à éradiquer les cultures dominées.** Aux confins de la chrétienté se constituent des civilisations originales, où s'entremêlent des religions, des modes de vie et des savoir-faire venus d'horizons différents.

■ ***À Ravenne*** *(Italie), qui fut longtemps rattachée à l'Empire byzantin, l'art oriental de la mosaïque se développa dès le VIIe siècle, influençant ainsi pour de longs siècles la peinture de la péninsule.*

C'est autour de la Méditerranée que le phénomène est le plus flagrant. En Espagne, lors de la *Reconquista*, les relations entre musulmans et chrétiens d'Occident se dégradent, aboutissant à des actes de destruction mais aussi à des échanges culturels. À Tolède (tombée en 1085 aux mains d'Alphonse VI, roi de Castille), la Grande Mosquée qui dominait la ville est rasée et remplacée par une cathédrale marquant symboliquement la victoire du christianisme sur l'islam. Néanmoins, des *fueros* (sorte de chartes) sont établis, garantissant aux juifs, aux musulmans et aux chrétiens leurs droits respectifs en matière d'activité économique et de pratique religieuse. Dans la ville, les quartiers des uns et des autres sont distincts, et chacun possède son cimetière et son lieu de culte. Cette juxtaposition des différentes communautés n'entrave pas la circulation des idées. Tolède s'impose alors comme un grand centre de traduction : le Coran y est traduit pour la première fois en latin en 1143.

La Sicile, d'abord sous domination byzantine, puis conquise par les Arabes, voit se développer au XIIe siècle une civilisation cosmopolite où se mêlent les apports arabes, grecs et latins. Dès 1060, des chevaliers normands s'installent sur cette île stratégique de la Méditerranée. Roger II, roi de Naples et de Sicile (1130- 1154), implante sa cour à Palerme. Son administration s'inspire du système arabe précédemment établi. Les actes émis par le roi sont rédigés dans les trois langues (grecque, latine et arabe). Dans son luxueux palais, Roger II mène l'existence d'un souverain oriental : il possède un harem et se rend au hammam. À Palerme, on élève le ver à soie pour confectionner des tissus d'apparat semblables à ceux du *Basileus*. Les savoir-faire arabes en matière d'irrigation permettent de réaliser des jardins produisant dattes et agrumes.

■ ***Jeu innocent ?*** *Cette partie d'échecs entre un musulman et un chrétien transpose sur le terrain du jeu tactique la mouvance de la frontière disputée lors de la* Reconquista.

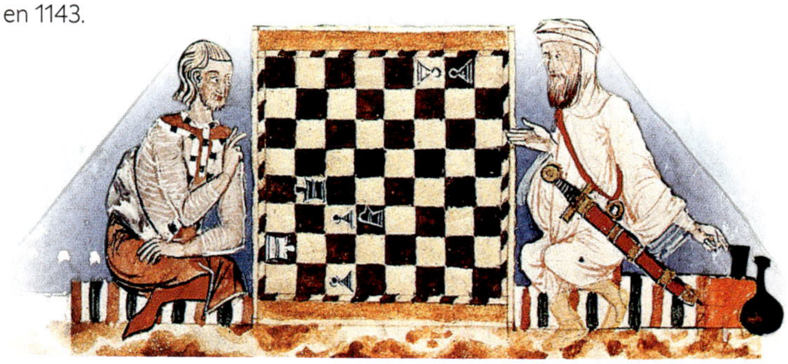

Afin que les garnisons qui surveillaient les marches de leur empire ne soient pas isolées les unes des autres, les Romains édifièrent tout le long de la frontière un réseau de plusieurs milliers de tours de guet. Pour communiquer de l'une à l'autre, les sentinelles utilisaient des **signaux lumineux** au moyen de torches enflammées.

Si les **anciens royaumes indiens** n'imposèrent pratiquement jamais par la force leur volonté à leurs voisins, leur influence s'étendit néanmoins fort loin. D'aventureux commerçants et d'infatigables moines pèlerins diffusèrent les arts et les religions de l'Inde dans tout le Sud-Est asiatique, comme en témoigne le temple d'Angkor Vat édifié aux XIIe et XIIIe siècles au Cambodge.

Venise constitue le troisième creuset culturel de la Méditerranée. Avant même la IVe croisade qui aboutit en 1204 au sac de Constantinople, la *Cité des Doges*, grâce à sa flotte militaire et marchande, mettait en relation permanente Orient et Occident. Saint Marc, le saint qui confère à la ville son emblème, symbolise à lui seul les échanges dont Venise est le centre.

Cet apôtre évangélisateur connut le martyre en Égypte en 67. Au IXe siècle, deux marchands vénitiens, débarquant pour affaires dans le port d'Alexandrie, décident de rapporter le corps du saint en Occident pour le soustraire aux « infidèles ». Après avoir caché la dépouille de Marc sous des quartiers de porc afin d'échapper aux douaniers musulmans, ils s'embarquèrent pour Venise où une immense basilique « byzantine » fut érigée pour honorer la relique.

■ ***La Cité des Doges*** *manifeste sa puissance à travers l'architecture monumentale de la place Saint-Marc : le lion ailé, symbole de l'Évangéliste, orne trois bannières rouges ainsi que la colonne au pied de la lagune. Si la richesse de Venise provient en grande partie de sa flotte (symbolisée ici par des nefs), son empire maritime a été construit aux dépens de Byzance : les quatre chevaux qui décorent la basilique proviennent du sac de Constantinople.*

Insensibles à la corrosion ainsi qu'au roulis et au tangage, les sabliers ont été pendant longtemps les seuls instruments pour mesurer le temps à bord des **bateaux**. On les utilisait aussi bien pour rythmer la vie à bord et déterminer la durée des quarts que pour estimer la vitesse et la distance parcourue.

Depuis qu'Albert Einstein (1879-1955) a démontré que l'énergie et la masse sont directement liées, on sait que le temps forme avec **l'espace** une dimension supplémentaire, l'espace-temps, à l'intérieur de laquelle la lumière ne peut voyager en ligne droite. C'est pourquoi deux observateurs placés à des endroits différents, contemplant un même événement, auront une perception différente du temps écoulé.

Le Moyen Âge ignore la mesure précise et objective du temps qui fluctue en fonction des occupations de chacun. Seule l'Église parvient à faire de son propre découpage temporel un cadre référentiel pour toute la société.

Le temps de Dieu

■ ***Soleil angélique***
À la cathédrale de Chartres, c'est un ange qui présente aux hommes le cadran solaire comme pour rappeler que l'ordonnance du temps est une affaire divine.

> **Au Moyen Âge, le temps est une notion sacrée.** Comme nous l'apprend la *Genèse*, le premier livre de la Bible, c'est Dieu en personne qui a instauré le temps lors de la création de l'Univers, en organisant notamment l'alternance du jour et de la nuit mais aussi en déterminant la semaine de sept jours composée de six jours de travail et d'un jour de repos, le dimanche. Dès le départ, le temps « naturel » lié aux deux principaux astres (le Soleil, grand luminaire du jour ; la Lune, pâle luminaire des ténèbres) et le temps « social », servant de cadre aux activités humaines, se trouvent donc fixés de façon immuable par le plan divin.

Le temps, donc, n'appartient qu'à Dieu. C'est pourquoi tenter de prédire l'avenir, ou bien parier sur des événements non encore advenus, est considéré au Moyen Âge comme un grave péché dans la mesure où seul le Créateur détient les clés du futur. De même, l'Église interdit le prêt à intérêt qui équivaut selon elle à « vendre » une portion de temps, à spéculer sur une durée par nature inaliénable. Les chrétiens qui osaient pratiquer cette forme de crédit étaient condamnés en tant qu'usuriers. En revanche, l'Église tolérait que les « infidèles », en particulier les juifs, pratiquent l'usure puisqu'ils appartiennent à un autre système de croyance.

Le temps médiéval n'est pas un temps abstrait, unifié. Même si la Bible fournit à l'homme les grandes perspectives de son existence, les repères temporels varient en fonction du vécu de chacun. Dans le monde rural, qui nourrit alors l'ensemble de la société et comprend l'essentiel de la population, le temps s'organise annuellement en fonction des travaux des champs. La vie du paysan est calquée sur les rythmes de la nature. Des « calendriers », ornant les manuscrits mais aussi les porches des églises, symbolisent les douze mois de l'année par les différents travaux agricoles se succédant au cours des quatre saisons.

■ ***Fête paysanne***
Des moments de joie et de convivialité, liés au calendrier liturgique (Noël, mardi gras), ou à la vie sociale (noces), ponctuent le cycle annuel des travaux agricoles. Les chants et les danses manifestent alors la culture paysanne.

Les **Aztèques** utilisaient deux calendriers. L'un, comptant 260 jours auxquels étaient associés les grands dieux de la mythologie et ceux du panthéon, avait un usage religieux. L'autre, qui comportait 360 jours et cinq autres supplémentaires, rythmait l'année civile et agricole.

Ce sont sans doute les Chaldéens qui introduisirent en **Égypte** les premiers appareils à mesurer le temps : les clepsydres. Il s'agissait de vases desquels l'eau s'écoulait en une période donnée. Pour connaître le temps passé, il suffisait de lire les graduations marquées sur la paroi interne.

Le temps des paysans est également rythmé par les échéances féodales : la Saint-Michel (29 septembre), en particulier, s'impose comme un terme impératif : les redevances en nature doivent être versées au seigneur. Le monde chevaleresque envisage l'année différemment. Si le printemps correspond à la « saison des amours », comme nous l'enseignent les romans courtois, l'été est consacré au service d'ost* que chaque vassal doit à son seigneur. La guerre est elle aussi tributaire des saisons.

Néanmoins, il est un temps qui s'impose à tous : le temps clérical.
En effet, le seigneur, comme le paysan, à l'instar des moines et des prêtres, voit son année rythmée par les grandes fêtes religieuses comme Noël, Pâques et l'Ascension qui ont d'ailleurs souvent pris la place des anciennes fêtes païennes. Par l'utilisation des cloches signalant les messes et les prières quotidiennes, l'Église confère à l'ensemble de la société médiévale, à la ville comme à la campagne, un cadre temporel sonore auquel chacun peut se référer, même si les activités de chaque groupe social demeurent spécifiques.

■ ***Le martyrologe d'Usuard***
Dans ce calendrier des martyrs illustré au XIIIe siècle, l'année est restituée à travers les représentations des douze mois. Toutes les vignettes font référence aux activités paysannes, sauf trois : le mois de janvier, figuré par un homme aux deux visages (l'antique Janus) tourné à la fois vers le passé et l'avenir ; le mois d'avril, allégorie du printemps sous la forme d'un adolescent portant de jeunes pousses ; et le mois de mai montrant une scène aristocratique : un jeune chevalier partant à la chasse, faucon au poing.

Si la guerre de Cent Ans est le plus long conflit qui opposa deux royaumes européens, quelques siècles plus tard, le refus des princes allemands de reconnaître le nouvel empereur Ferdinand II entraîna tous les États de l'Europe dans un terrible affrontement. Cette **guerre de Trente Ans**, qui dura de 1618 à 1648, ravagea et dépeupla toute l'Europe centrale.

Les raisons pour lesquelles, il y a 65 millions d'années, la plupart des êtres vivants, dont les **dinosaures**, disparurent brutalement de la surface de la Terre sont encore obscures et discutées. Si de nombreux spécialistes imaginent que c'est la chute d'un astéroïde géant qui est à l'origine de cette extinction, d'autres évoquent de gigantesques éruptions ou un brutal changement climatique.

■ *La pucelle d'Orléans*
La présence des Anglais sur le territoire français provoque un sentiment national qui se cristallise sur Jeanne d'Arc. Charles VII utilise cette petite bergère qui se dit investie d'une mission divine pour bouter les ennemis hors du royaume. L'image la figure en chef de guerre féminin, portant à la fois casque, cuirasse et longues jupes.

Dès le début du XIVe siècle, l'Occident connaît une crise générale. Face aux violences et aux désordres sociaux, les États naissants, un temps affaiblis, réagissent et s'affermissent.

Les grands désordres

Apparue dans les campagnes vers 1315, la crise frumentaire* gagne rapidement les villes provoquant disette et famine.
L'expansion économique et démographique est stoppée. La peste noire, entrée par les ports méditerranéens, se propage entre 1348 et 1351, anéantissant plus du quart de la population européenne déjà très affaiblie par la sous-alimentation. Les villages sont désertés, les masses paupérisées.

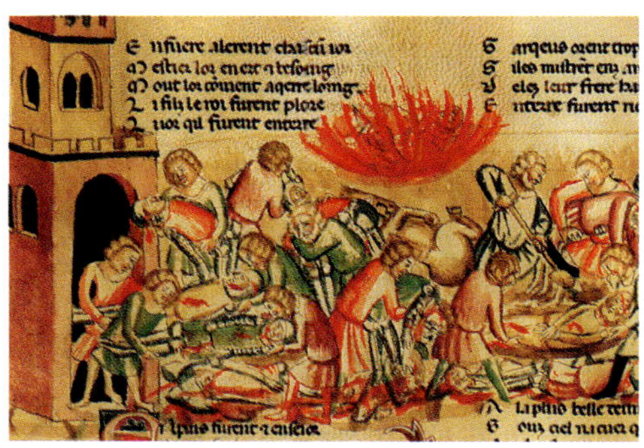

■ *Hécatombe*
La peste noire est vécue comme une « plaie d'Égypte » s'abattant sur les hommes par volonté divine. Elle provoque dans les mentalités à la fois une peur du ciel et un désir de profiter sans entrave de l'instant présent.

Émeutes urbaines et jacqueries* dans les campagnes ravagent l'Occident.
Les ouvriers drapiers se révoltent à Gand en 1337 et à Florence (les *Ciompi*) en 1378. Paris connaît trois « révolutions » en moins de soixante ans : celle dirigée par Étienne Marcel, prévôt* des marchands, maître de la ville en 1357, puis le soulèvement des maillotins en 1382 (appelés ainsi parce qu'ils pourchassent les collecteurs d'impôts avec des maillets), enfin l'insurrection cabochienne de 1413 (du nom du boucher qui la conduit) regroupant petit peuple, bourgeoisie et université. Chaque fois, la misère et la levée de nouveaux impôts servent de déclencheurs. Les insurgés exigent le consentement préalable d'assemblées représentatives à toute décision du pouvoir. Les paysans d'Ile-de-France, d'Angleterre, de Scandinavie, de Thuringe se soulèvent, mais la jonction des émeutiers des villes et des campagnes ne s'opère pas.

L'Europe entière souffre des guerres civiles, religieuses, interétatiques.
Entre 1328 et 1450, les rois de France résistent aux ambitions territoriales anglaises sur le continent au cours de la guerre de Cent Ans. Ce conflit se double d'une guerre civile : en France, les Bourguignons (alliés de l'Angleterre) et les Armagnacs (défendant le duc d'Orléans) mettent le pays au pillage ; en Angleterre, la *guerre des Deux-Roses* oppose les York (Rose Blanche) aux Lancaster (Rose Rouge) pour la conquête du pouvoir. L'Église aussi est déchirée par le Grand Schisme qui dresse, jusqu'en 1417, une partie de l'Europe contre l'autre : la France, l'Écosse et l'Espagne soutiennent la papauté d'Avignon tandis que l'Angleterre, la Bourgogne et l'Empire demeurent fidèles à Rome.

Si les populations occidentales souffrent de la peste du VIe au VIIIe siècle apr. J.-C., cette terrible **maladie** disparaît complètement jusqu'à ce que le rat noir, porteur de la puce vecteur de ce fléau, se répande de nouveau en Europe à la suite des croisades. Dès lors, le mal ne lâchera plus l'Europe jusqu'en 1722, après avoir fait périr entre 1347 et 1352 un tiers de sa population, soit 25 millions d'habitants.

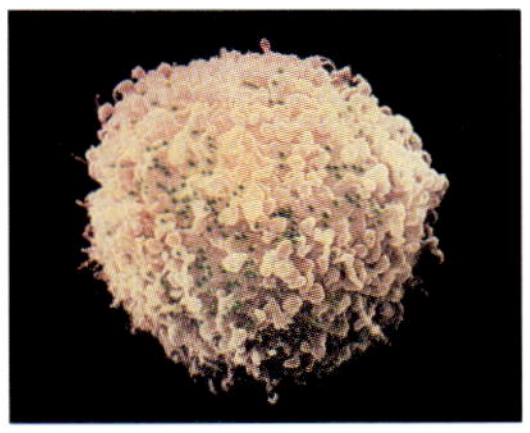

Contrairement aux bactéries, les **virus** ne sont pas des êtres vivants, mais des sortes d'ensembles chimiques, comportant un patrimoine génétique, qui ne deviennent actifs et ne peuvent se reproduire qu'à l'intérieur d'une cellule vivante. L'un des plus terrifiants d'entre eux, celui du VIH, détruit les lymphocytes dont le rôle était de l'éliminer, provoquant ainsi un dérèglement du système immunitaire.

■ ***Jacques contre nobles***
Le 9 juin 1358, près de 300 nobles, réunis au marché de la ville de Meaux, sont attaqués par des Jacques révoltés auxquels se sont joints les habitants les plus pauvres de la ville. Mais d'autres nobles armés, appelés à la rescousse, massacrèrent les paysans sans armes et les jetèrent dans la Marne. Cet événement eut au Moyen Âge un retentissement tel qu'il fit l'objet d'une mise en image.

■ ***Une exécution capitale***
En 1390, Aimerigot Marcel, chef des Grandes Compagnies condamné pour pillages, meurtres et « coquineries diverses », est décapité au cœur de la ville sur ordre de Charles V. Le roi tente ainsi de rétablir l'ordre et l'autorité souveraine dans un pays déboussolé.

Ces crises affectent les ressources des royaumes, mais contribuent paradoxalement à leur affermissement. Confrontés aux dépenses grandissantes de la guerre permanente, les États perfectionnent leur administration afin d'améliorer la levée des impôts. Ils protègent le marché intérieur par des ordonnances sur la fiscalité et la monnaie, et octroient des monopoles à des négociants privilégiés comme Jacques Cœur. C'est par une répression féroce qu'ils triomphent des révoltes. Mais, désormais, pour mener leur politique, les rois doivent tenir compte de l'avis du Parlement en Angleterre, des États provinciaux et généraux en France.

Depuis des millénaires, les hommes utilisent les plantes pour se soigner. Parmi elles, un arbuste originaire des **jungles** d'Amérique du Sud, le cinchona, fournit un des éléments les plus précieux de la médecine tropicale : la quinine. Un médicament toujours employé pour traiter et prévenir la malaria mais aussi pour soigner des infections bactériologiques comme la pneumonie.

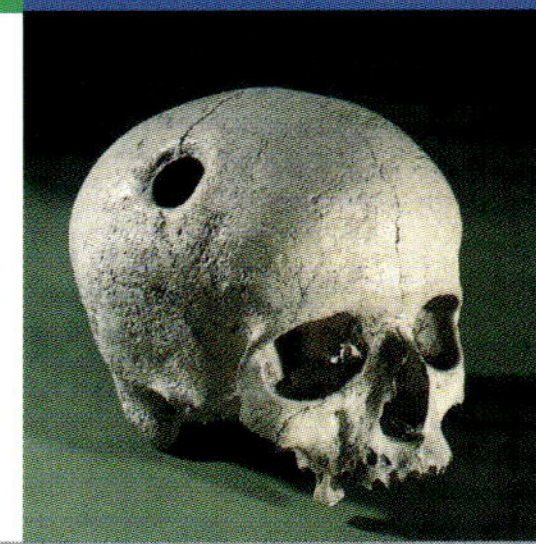

Il semble que les hommes aient cherché très tôt à se soigner et à soulager leurs souffrances. De nombreux squelettes d'**hommes préhistoriques** portent les traces de réductions de fractures des membres. Des trous taillés à l'aide de silex dans certains crânes laissent même penser que nos ancêtres réalisaient des trépanations auxquelles le patient survivait parfois.

Au Moyen Âge, on considère que le corps est l'enveloppe charnelle de l'âme toute anomalie ou faiblesse corporelle est interprétée comme

Soigner le corps ou guérir l'âme ?

Les malades, les infirmes, les estropiés ne doivent leur état qu'à une punition divine. Quant aux personnes atteintes de troubles nerveux (épilepsie), elles apparaissent comme des créatures possédées par le diable qu'il faut exorciser. Dans ce contexte culturel, soigner le corps revient donc à purifier l'âme. Lorsque les grandes épidémies de peste s'abattent sur l'Europe à la fin du Moyen Âge, des défilés de *flagellants* parcourent les villes en meurtrissant leur chair et en incitant la population à faire pénitence.

■ ***Comme dans l'Apocalypse*,*** *la Mort chevauche un cheval blême. En période d'épidémie, du bout de son épée, elle atteint même les plus jeunes et les plus nobles personnages.*

Les remèdes de l'époque étant impuissants contre les maladies contagieuses comme la peste, la lèpre ou la tuberculose, il fallait retrancher les malades afin de freiner la propagation du fléau. À côté des hôtels-Dieu implantés au cœur des cités épiscopales se développent, à partir du XIIIe siècle, des *léproseries* construites en dehors des remparts.

Dans ces divers hôpitaux, on accueille les individus devenus trop faibles pour mendier sur les routes. Entassés à plusieurs dans un même lit, ils reçoivent, pour les derniers temps qu'il leur reste à vivre, une alimentation plus riche et sont surtout préparés à leur propre mort par de nombreuses messes et prières. Tous ces établissements sont tenus par des religieux. Certains d'entre eux se spécialisent : les *Antonins*, par exemple, accueillent les personnes atteintes du *mal des ardents*, maladie causée par un parasite du seigle. S'occuper des malades, les nourrir, les côtoyer constitue un acte de charité très prisé, surtout lorsque leurs plaies sont répugnantes. Les chrétiens voient en ces êtres réprouvés et meurtris une image du Christ souffrant.

Les premières initiatives « scientifiques » visant à connaître et à soigner le corps humain apparaissent au XIIe siècle, d'abord en Italie du Sud (Salerne) où se mêlent les cultures arabe, juive et byzantine et où les traités des médecins grecs (Hippocrate, Galien) sont traduits, puis dans les universités, en particulier à Bologne et à Montpellier. Malgré les réticences de l'Église qui prône le respect de la dépouille humaine, le désir de connaître l'intérieur du corps et de comprendre son fonctionnement s'impose. Des séances d'autopsie et de dissection opérées sur les cadavres des criminels sont organisées dans les Facultés, dès le XIVe siècle. Elles donnent lieu à la rédaction de traités anatomiques parfois accompagnés de croquis et de planches en couleurs. Les opérations, qui étaient jadis réalisées par les barbiers munis d'un simple rasoir, sont alors confiées à des *chirurgiens,* surtout lorsqu'elles concernent les rois et les grands prélats qui ne tardent pas à avoir leur médecin attitré.

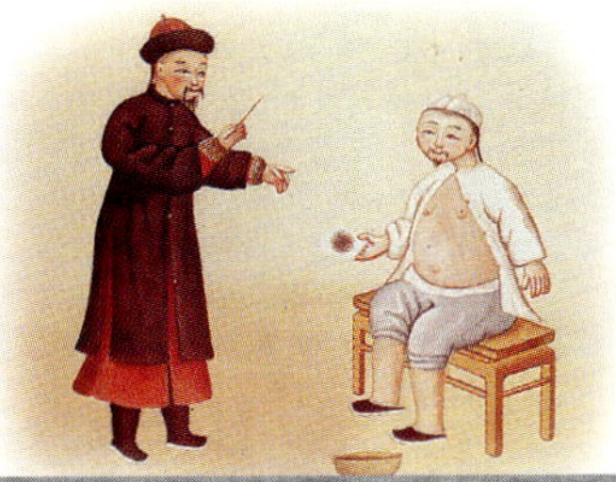

La **médecine traditionnelle chinoise** repose essentiellement sur l'emploi d'une importante pharmacologie à base de végétaux, de minéraux et de matières animales ainsi que sur la pratique d'une thérapeutique particulière, l'acupuncture, qui consiste, grâce à des aiguilles, à rétablir les courants d'énergie perturbés.

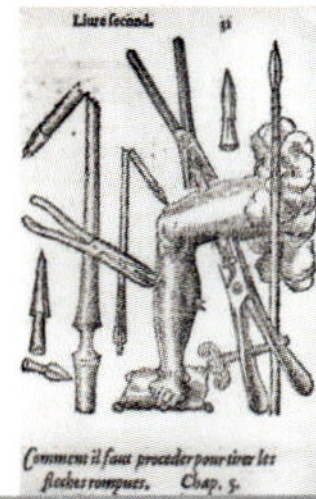

Avant Ambroise Paré, la **chirurgie**, pratiquée par les barbiers, était considérée comme un art mineur. Son grand mérite est d'avoir mis au point des gestes et des techniques plus efficaces que ceux employés jusqu'alors. Après une amputation par exemple, il ne cautérise plus la plaie au fer rouge, mais suture les vaisseaux pour arrêter l'hémorragie.

Les connaissances médicales étant restreintes, le signe visible d'un péché intérieur.

■ ***La grossesse constitue au Moyen Âge un grand péril,*** *aussi bien pour la mère que pour l'enfant. Un simple poireau est ici proposé comme remède.*

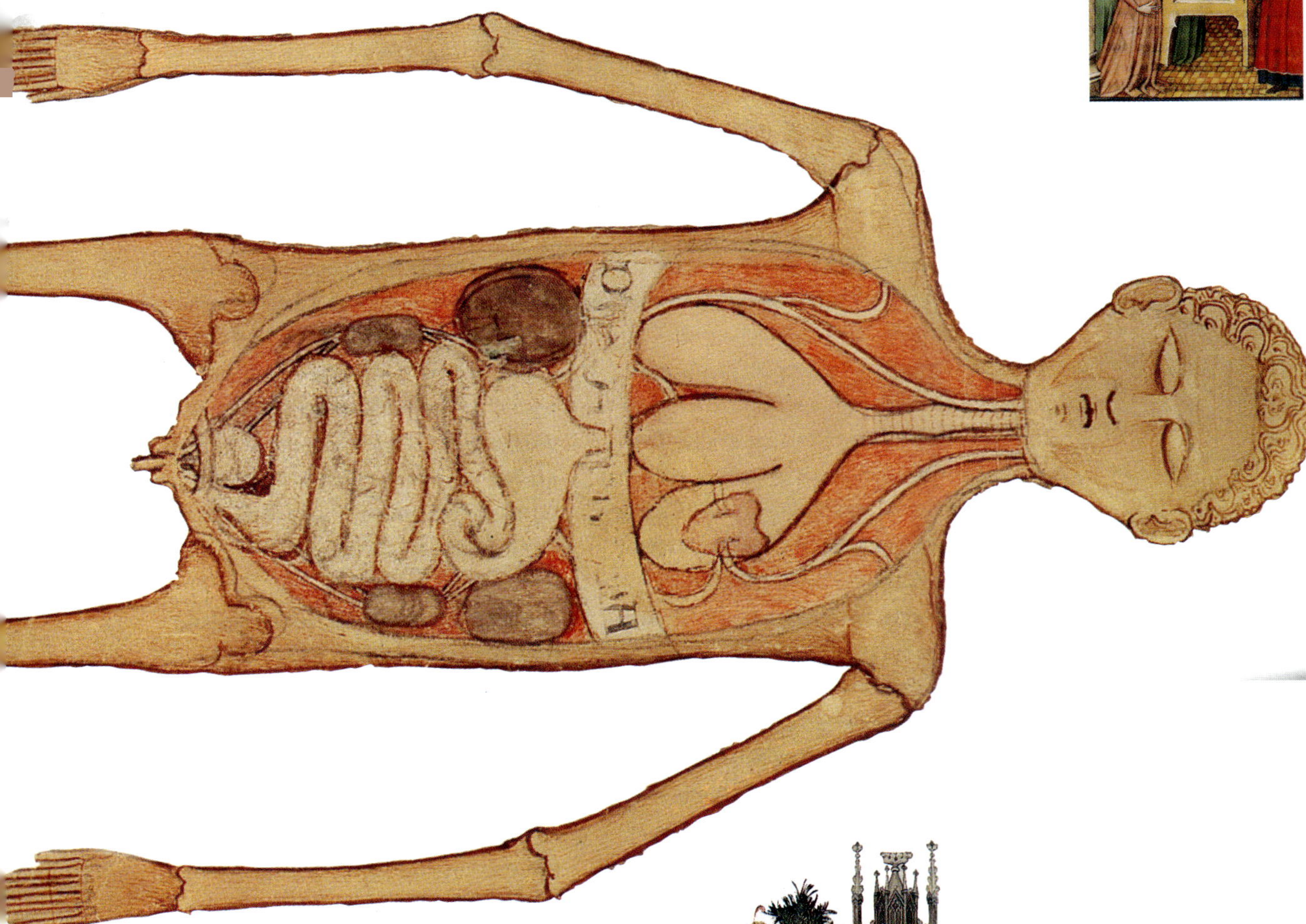

■ ***Le corps ouvert***
Dans son traité d'anatomie (1345), Gui de Pavie expose les principes de l'autopsie. On peut voir le cœur et les poumons séparés des intestins et des reins par le diaphragme.

■ ***Une illusion passagère***
À la fin du Moyen Âge se généralise l'idée que jeunesse, beauté et plaisirs terrestres ne sont qu'apparences. Un mal moral ronge les êtres de l'intérieur.

La fontaine de Jouvence, mythe antique christianisé, joue un grand rôle dans l'imaginaire médiéval. Ses eaux auraient eu le pouvoir de rajeunir le corps et de ranimer le désir amoureux. Les êtres qui s'y plongent connaissent une seconde naissance, comme s'ils émergeaient d'une cuve baptismale laïcisée. Nombre de chevaliers errants ont consacré leur quête à la découverte de cette source magique.

Chez les **Inuits** du Groenland, la mise à mort d'un animal pour se nourrir de sa chair impose au chasseur l'observation de certaines règles sous peine de voir le gibier disparaître. Ainsi ne doit-il jamais se vanter de ses exploits, mais au contraire remercier sa proie d'avoir bien voulu se laisser prendre.

L'Univers a-t-il un destin ? C'est une question à laquelle personne ne peut encore répondre car celle-ci dépend de la quantité de matière qu'il renferme et que personne ne connaît. Il est juste possible d'imaginer deux choses : une expansion infinie ou une implosion qui débouchera peut-être sur un nouveau big bang.

Pour les chrétiens du Moyen Âge, la mort n'est pas synonyme de fin. Elle ouvre sur un au-delà où chacun trouvera sa place en fonction de sa vie terrestre.

La mort chrétienne : un grand passage vers l'au-delà

■ ***Un partage irrémédiable***
À la Fin des Temps, l'archange saint Michel, muni d'une balance, évaluera l'âme de chaque homme afin de déterminer son devenir.

La vie humaine ici-bas est conçue comme un long et difficile combat contre les vices. Pour aider les chrétiens à rester vertueux, l'Église met notamment en place les *sacrements*. Certains d'entre eux, comme la pénitence, effacent les péchés commis sur terre. Les sacrements, conférés par les prêtres, encadrent toute l'existence du chrétien, depuis sa naissance jusqu'à sa mort. Le dernier d'entre eux, l'*extrême-onction*, est capital puisqu'il constitue l'ultime occasion de purifier l'âme avant le passage dans l'autre vie. Une des grandes peurs du Moyen Âge est la mort subite qui ne laisse pas aux hommes le temps de se confesser ni d'expier leurs fautes. Les chrétiens croient en effet au Jugement dernier : à la fin des temps, le Christ ressuscitera tous les morts afin de récompenser les bons chrétiens et de punir les mauvais. Chaque âme sera alors pesée et orientée vers un lieu spécifique.

L'au-delà comprend deux lieux principaux, l'Enfer et le Paradis, construits en opposition. Si les Justes reçoivent la récompense éternelle, les Réprouvés subissent, eux, les châtiments éternels. Au Paradis sont accueillis les Élus dont les sens sont ravis : la lumière divine enchante leurs yeux, la musique des anges flatte leurs oreilles, les parfums des fleurs chatouillent leurs narines. Le calme, la joie et la concorde emplissent leurs cœurs sereins. À l'inverse, l'Enfer rassemble pêle-mêle tous les Damnés. Ils sont assaillis par la peur, le froid et la douleur. Des flammes brûlent leur corps, d'horribles animaux les rongent, des lacs puants les environnent, et les démons produisent, avec leurs instruments de torture, un vacarme incessant. Malgré le feu, la nuit règne en Enfer, dominé par Satan.

À partir du XIIe siècle, un troisième lieu apparaît dans la géographie de l'au-delà : le purgatoire. Il est réservé aux chrétiens qui ne sont ni assez mauvais pour aller en Enfer ni assez vertueux pour atteindre immédiatement le Paradis. Contrairement aux deux autres, le purgatoire n'est pas un lieu d'éternité mais un lieu de passage : plus les hommes ont de péchés à se faire pardonner, plus ils y demeurent longtemps. Les vivants, parents et amis, peuvent néanmoins intervenir pour écourter leur séjour et accélérer ainsi leur entrée au Paradis. Pour cela, ils doivent dire des prières, faire des aumônes, commander des messes auprès des prêtres ou des moines. L'Église instaure même au XIIIe siècle un système d'*indulgences** permettant, moyennant argent, de racheter le temps du purgatoire.

Si les **volcans** de l'Islande semblent n'avoir jamais terrorisé outre mesure les Vikings qui vivaient à leurs pieds, c'est néanmoins sur cette île, dans le cratère du mont Hekla, que les théologiens catholiques du Moyen Âge situaient les portes de l'enfer.

Chez les anciens **Égyptiens**, c'est un dieu à tête de chien qui préside à l'embaumement et à la momification des morts. Gardien des cimetières, c'est également lui qui a la charge de montrer aux défunts le chemin de l'au-delà et de les introduire auprès des dieux.

■ ***Brûlures, meurtrissures, dévoration*** *constituent quelques-uns des supplices perpétuels de l'Enfer.*

■ ***Le Paradis*** *peut prendre la forme d'un jardin ou bien celle d'une cité de lumière, la Jérusalem céleste.*

■ ***Le dernier tribunal***
C'est au nom de son sang versé pour la rédemption des péchés que le Christ jugera les hommes, ressuscités par les trompettes angéliques.

Une chronologie sommaire du Moyen Âge européen

800
Couronnement impérial de Charlemagne.
816
Sacre royal de Louis le Pieux à Reims.
820
Premiers raids vikings.
838
Raids des Sarrasins en Provence.
842 et 843
Serment de Strasbourg et partage de l'Empire entériné par le traité de Verdun. Trois royaumes apparaissent : la Francie occidentale, la Francie orientale séparée par le royaume de Lothaire.
909
Fondation de l'« Ordre de Cluny ».
911
Traité de Saint-Clair-sur-Epte par lequel le chef viking Rollon reçoit la Normandie des mains de Charles III le Simple.
962
Couronnement impérial d'Otton I.
985
Baptême de Vaïk (saint Etienne), fondateur de l'État chrétien de Hongrie.
987
Élection d'Hugues Capet, fondateur de la dynastie capétienne.
1054
Schisme entre l'Église romaine d'Occident et l'Église byzantine d'Orient.
1059
Établissement des Normands en Italie du Sud.
1066
Victoire de Guillaume le Conquérant à la bataille d'Hastings (conquête de l'Angleterre par Guillaume le Conquérant).
1075
Construction de la cathédrale romane de Saint-Jacques-de-Compostelle.
1085
Prise de Tolède par les musulmans.
1087
Construction de Cluny III.
1095
Première croisade prêchée par Urbain II.
1096 – 1099
Première croisade.
1096 – 1132
Construction de la basilique de Vézelay.
1098
Fondation de l'« Ordre de Cîteaux » par Robert de Molesmes.
1099
Fondation du Royaume latin de Jérusalem.
vers 1130
Rayonnement de saint Bernard et des Cisterciens.
1132 – 1144
Construction de l'abbatiale de Saint-Denis supervisée par Suger.
1147 – 1149
Deuxième croisade.
1150
Union économique des pays baltes.
1152
Mariage d'Aliénor d'Aquitaine et de Henri II Plantagenêt.
1163 – 1182
Construction de Notre-Dame de Paris.
1170
Assassinat de Thomas Becket.
1179
Début des raids de l'empire de Saladin contre les États latins d'Orient.
1189
Troisième croisade.
1202 – 1204
Quatrième croisade.
1204
Sac de Byzance par les croisés.
1209
Croisade contre les Albigeois sous la direction de Simon de Montfort.
1212
Défaite des musulmans face aux chrétiens d'Espagne.
1214
Victoire de Philippe Auguste sur les troupes de l'Empereur à Bouvines.
1215
IVe concile du Latran.
1217 – 1221
Cinquième croisade.
1228 – 1229
Sixième croisade.
1248 – 1254
Septième croisade.
1252 – 1259
Enseignement de saint Thomas d'Aquin à l'université de Paris.
1257
Fondation de la Sorbonne.
1261
Fin de l'Empire latin de Constantinople.
1270
Septième croisade et mort de Saint Louis.
1291
Prise d'Antioche et de Saint-Jean-d'Acre par les musulmans et fin des États latins d'Orient.
1309
La papauté s'installe en Avignon.
1337
Début de la guerre de Cent Ans.
1346
Victoire anglaise à Crécy.
1347– 1350
Peste noire.
1358
Révolte d'Étienne Marcel et jacqueries en France.
vers 1358
Formation de la Ligue hanséatique des villes allemandes.
1364
Avènement de Charles V et début de la reconquête par Bertrand du Guesclin des territoires gagnés par les Anglais.
1377
Le pape Grégoire XI quitte Avignon et revient à Rome.
1378
Début du Grand Schisme qui divise l'Occident chrétien en deux.
1414 – 1418
Concile de Constance.
1415
Défaite de la chevalerie française devant les troupes anglaises à la bataille d'Azincourt.
1417
Fin du Grand Schisme : le concile de Constance élit un nouveau pape, Martin V, reconnu par toute la chrétienté.
1429
Sacre de Charles VII ; Jeanne d'Arc libère Orléans.
1431
Jeanne d'Arc est condamnée pour hérésie et brûlée à Orléans.
1455
Première Bible imprimée par Gutenberg.
1475
Le traité de Picquigny entre le roi de France Louis XI et le roi d'Angleterre Édouard IV met fin à la guerre de Cent Ans.
1492
Prise de Grenade par les chrétiens et fin de la *Reconquista*.
octobre 1492
Christophe Colomb atteint les Antilles et découvre l'Amérique.

Le Moyen Âge dans les livres

DOCUMENTAIRES POUR LA JEUNESSE

L'ABCdaire de l'art roman
N. Reveyron et V. Rouchon-Mouilleron, Flammarion, 2000.
Au temps des chevaliers et des châteaux forts
P. Miquel, Hachette (La vie privée des hommes), 2003.
L'Art au Moyen Âge
J. Durand, Larousse, « Reconnaître et comprendre », 1999.
Compostelle, le grand chemin
X. Barral, I. Altet, « Découvertes Gallimard », 1993.
Littératures de l'Europe médiévale
M. Gally et C. Marchello – Nizia, Magnard, 1985.
Chrétiens du Moyen Âge, *La Documentation photographique, n°6104, Documentation française et CNDP, 1989.*
Quand les cathédrales étaient peintes
A. Erlande-Brandenburg, Découvertes Gallimard, rééd. 2000.
Richard Cœur de Lion, *T. Colignon et C. Monnet, Mango, 1997.*
Un tailleur de pierre au Moyen Âge
R. Pernoud, Albin Michel Jeunesse, 1997.
La Ville au Moyen Âge
Alain Dag'Naud, Les documentaires Gisserot-Jeunesse, 1999.
Vitrail, art de la lumière
F. Perrot et A. Granboulan, Desclée de Brouwer, « Rempart », 1998.
Vivre au Moyen Âge
A. Langley, Gallimard (Les yeux de la découverte), 1996.
Vivre au Moyen Âge
d'après un manuscrit du XIIIe siècle, La Documentation photographique, n° 6050, Documentation française et CNDP, 1980.

ŒUVRES ROMANESQUES POUR LA JEUNESSE

La Croisade des enfants, *I. Heyne, Flammarion, 1994.*
Le Chevaucheur de Provence
J.-C. Noguès, Hachette (Livre poche jeunesse), 1999.
Le Dernier des templiers
A. Ténor, Hachette (Livre poche jeunesse), 2001.
Il était une fois les cathédrales
F. Ischer et M. Pommier, de La Martinière Jeunesse, 2001.

OUVRAGES GÉNÉRAUX

50 mots-clefs de l'histoire médiévale, *P. Bonnassie, Privat, 1981.*
La Civilisation de l'Occident médiéval
J. Le Goff, Arthaud, 1964 (nombreuses rééditions).
L'Europe au Moyen Âge
G. Duby, Arts et Métiers graphiques, 1981.
La France au Moyen Âge de l'an mil à la peste noire (1348)
M.A. Polo de Beaulieu, Société d'édition des Belles Lettres, 2002.
Le Monde au Moyen Âge
J.-P. Genet, Hachette, Carré Histoire, 1991.
Le Moyen Âge. Histoire illustrée de la vie quotidienne
R. Delort, Edita, 1972 (réédition abrégée, La Vie au Moyen Âge, Paris, Seuil, 1982).

DICTIONNAIRES

Dictionnaire encyclopédique du Moyen Âge
A. Vauchez (dir.), Cerf, 1997.
Dictionnaire du Moyen Âge
Cl. Gauvard, A. de Libera et M. Zink, PUF, 2002.
Dictionnaire raisonné de l'Occident médiéval
J. Le Goff et J. Cl. Schmitt, Fayard, 1999.

VIE SOCIALE, ÉCONOMIQUE, RELIGIEUSE ET CULTURELLE

Boire au Moyen Âge, *J. Verdon, Perrin, 2002.*
Compostelle, le grand chemin
X. Barral, I. Altet, Découvertes Gallimard, 1993.
Couleurs, Images, Symboles, études d'histoire et d'anthropologie
M. Pastoureau, Le Léopard d'Or, 1989.
Le croire et le voir, l'art des cathédrales (XIIe-XVe siècles)
R. Recht, Gallimard, 1999.
L'Enluminure médiévale, *O. Patcht, Macula, 1997.*
Le Monde roman, villes, cathédrales et monastères
X. Barral, I. Altet, Taschen, 2001.
Un Moyen Âge en images, *J. Le Goff, Hazan, 2000.*
De l'or et des épices : naissance de l'homme d'affaires au Moyen Âge, *J. Favier, Hachette, 1995.*
Le Rêve cistercien, *L. Pressouyre, Découvertes Gallimard, 1990.*
La Vie des enfants au Moyen Âge
P. Riche et D. Alexandre-Bidon, Sorbier, 1994.
Le Village et la maison au Moyen Âge
J. Chapelot et R. Fossier, Hachette, 1980.
La Ville au Moyen Âge, *J. Heers, Fayard, 1990.*

Lexique

Apocalypse
L'Apocalypse, qui signifie en grec « Révélation », est le dernier livre du Nouveau Testament dans la Bible chrétienne. Il aurait été rédigé au Ier siècle apr. J.-C. par l'apôtre Jean retiré sur l'île de Patmos. Un ange serait apparu au disciple du Christ lui ordonnant de consigner par écrit les visions de la Fin du Monde dont Dieu le gratifia.

Beffroi
Tour de guet relevant de la commune et de ce fait implanté près de la maison communale. Le beffroi abrite une cloche qui réglemente les horaires de travail des artisans et des commerçants et surtout de leurs employés. Parfois, les chartes de franchise accordées à la commune sont conservées dans cette tour.

Cantonnement
Restrictions d'usage, notamment de la forêt, qu'un seigneur impose aux paysans de son domaine.

Chaire
La chaire épiscopale, ou cathèdre, est le trône de l'évêque. Elle est installée dans le chœur de la cathédrale, église principale du diocèse.

Chancellerie épiscopale
Les évêques, seigneurs ecclésiastiques, ont un pouvoir de juridiction. Ils jugent et légifèrent dans leur diocèse. Comme les rois ou les papes, mais à un niveau inférieur, ils possèdent donc une chancellerie regroupant les actes juridiques épiscopaux. C'est un chanoine, le chancelier, qui gère ces archives.

Chapitre cathédral
Désigne la communauté de chanoines attachée à une même cathédrale et chargée d'assister l'évêque dans ses tâches. La fonction première des chanoines demeure néanmoins l'office liturgique.

Charte de franchise
Document écrit consignant les privilèges accordés par un seigneur à une communauté d'habitants. Les chartes de franchises obtenues par les paysans visent à limiter l'arbitraire seigneurial.

Commune
Les bourgeois d'une même agglomération peuvent se grouper en association d'entraide afin de se libérer de la tutelle du seigneur et de gérer dans leurs propres intérêts la ville qu'ils habitent. Ils forment alors une commune.

Crise frumentaire
Au XIVe siècle, des troubles économiques et politiques provoquent en Europe une baisse du prix du blé qui appauvrit seigneurs et paysans. Les céréales se vendant mal, leur production est encore ralentie.

Dogme
Ensemble des points fondamentaux qui constituent l'identité d'une religion et auxquels les membres d'une Église sont tenus de croire.

Échevins
Dans les villes du Nord, magistrats municipaux qui assistent le maire dans la gestion de la commune.

Fief
Élément matériel sur lequel se fonde la relation contractuelle féodo-vassalique. Le seigneur concède à son vassal un fief qui lui assure sa subsistance ; en retour, le vassal doit à son seigneur la fidélité et un certain nombre de services. Le fief est le plus souvent une terre, mais il peut aussi se présenter sous forme de château ou même de rente.

Hanse
Dans les villes du nord de l'Europe, une hanse (ou ghilde) est une association de marchands. La Hanse (avec une majuscule) fait référence à la très puissante association teutonique qui domine le grand commerce en Europe du Nord, regroupant les marchands des rivages de la mer Baltique et de la mer du Nord.

Impériaux
Durant la bataille de Bouvines (27 juillet 1214), ce terme désigne les troupes de l'Empereur germanique Otton IV.

Indulgences
Rémission (ou remise) des peines infligées pour le rachat des péchés, accordée par le pape. La vente des indulgences par le clergé catholique fut condamnée par Luther au début du XVIe siècle.

Jacqueries
Au sens strict, révolte des paysans du Beauvaisis (appelés les Jacques) qui se soulèvent, en 1358, contre la noblesse qui ne cesse d'augmenter les impôts et les soldats qui endommagent leurs récoltes. Par extension, révoltes paysannes de la fin du Moyen Âge porteuses de revendications sociales.

Monachisme
Le monachisme caractérise tout ce qui se rattache à la vie des moines, aussi bien leurs aspirations spirituelles que les diverses formes d'organisation sociale qu'ils ont pu mettre au point au cours de l'histoire. C'est un fait culturel majeur du Moyen Âge.

Nicolaïsme
C'est le fait pour un clerc de fréquenter les femmes sous la forme du concubinage ou du mariage. Le nicolaïsme est un des maux de l'Église contre lesquels la Réforme grégorienne lutta pour rétablir le prestige du clergé et le distinguer clairement des laïcs.

Ost
À l'époque féodale, l'ost constitue l'une des formes du service militaire qu'un vassal doit à son seigneur. Il vise à garantir la sécurité du château et des possessions seigneuriales en général. À partir du XIIe siècle, il est réglementé et ne peut excéder 40 jours par an.

Passion
La Passion, relatée dans les quatre Évangiles, recouvre le processus de mise à mort de Jésus. Elle débute par l'entrée du Christ à Jérusalem et se termine par la mise au tombeau, l'événement culminant étant la crucifixion. La Passion a donné lieu au Moyen Âge à une très riche iconographie détaillant les différentes étapes de la souffrance et de l'humiliation du Christ.

Patriarche
Titre donné aux chefs de l'Église grecque. Au Moyen Âge, quatre patriarches se partageaient la direction de l'Église orthodoxe. Leurs sièges respectifs étaient implantés à Alexandrie, Antioche, Constantinople et Jérusalem.

Prédication
Action de prêcher, c'est-à-dire d'enseigner la foi et de la propager par la parole. La prédication est réglementée par l'Église. Elle relève en priorité du pape et des évêques, qui délèguent cette tâche aux prêtres. Au XIIIe siècle, la prédication constituera l'action principale des Ordres Mendiants.

Prélat
Les prélats sont des hommes d'Église ayant reçu de la part du pape une dignité honorifique. Ils correspondent en général aux grands ecclésiastiques tels que les archevêques, les évêques, les abbés...

Prévôt
À Paris, le prévôt des marchands est le chef de la puissante corporation des marchands de l'eau à l'origine de la municipalité.

Reconquista
Croisade particulière désignant la reconquête de l'Espagne musulmane par les catholiques du XIe au XVe siècle.

Schisme
Division à l'intérieur de l'Église s'accompagnant, pour la part qui fait scission, d'un refus d'obéir au pape de Rome. Le schisme grec de 1054 aboutit à la création de l'Église chrétienne d'Orient (dite orthodoxe) dirigée par des patriarches.

Séculier
Qui se rapporte au siècle, c'est-à-dire au monde laïque, par opposition au monde régulier singularisé par la soumission à une règle religieuse (ex. : vêtement séculier, clerc séculier).

Tenancier
Paysan travaillant sur une tenure.

Tenure
Exploitation agricole appartenant à un seigneur et donc intégrée à ce titre à la seigneurie. La tenure, concédée à un paysan chargé de la mettre en valeur, permet à celui-ci et à sa famille de vivre. En contrepartie de ce lopin, le paysan verse à son seigneur des redevances fixes ou bien proportionnelles aux récoltes.

Thaumaturge
Élus par Dieu, les rois acquéraient des pouvoirs thaumaturgiques qui leur conféraient la faculté de guérir par attouchements certaines maladies comme les ***écrouelles*** (des abcès).

Index

Table des illustrations